Vorwort „Duftwiese"

Das Arbeitsbuch „Duftwiese" knüpft an das erfolgreiche Arbeitsheft „Streichelwiese" an und hat viele pfiffige Anregungen für alle, die mit Kindern, aber auch großen Menschen pädagogisch oder therapeutisch arbeiten.

Es geht dabei um Entspannung und die Wahrnehmung mit allen Sinnen, wie z. B. den Geruchssinn. Düfte können dabei angenehme Begleiter sein, die uns beruhigen, uns aktivieren und uns somit viel Kraft und Energie schenken.

Aber auch die Beruhigung und die Aktivtät, die uns durch jede einzelne Farbe vermittelt wird, werden in den Geschichten, in der Musik, im Tanz und in den schönen Spielen von den kleinen und großen Menschen und deren Bezugspersonen ganzheitlich erfahren.

Inhaltsverzeichnis: „Duftende Farben"

Worauf müssen Sie beim Umgang mit Düften achten?

Bei der Beduftung öffentlicher Räume müssen Öle gewählt werden, die niemandem schaden. Grundsätzlich ist auf die Qualität der Öle zu achten. Verwenden Sie keine synthetischen Öle, da der Körper diese Öle nicht vollständig ausscheidet. Ätherische Öle dagegen, die über die Haut und über die Atmung in den Körper gelangen, werden auch wieder vollständig ausgeschieden.

Grundsätzlich sollten ätherischen Öle für Kinder warm, lieblich und mild sein.

Vorsicht bei Allergikern und Asthmatikern:
Auf scharfe, sehr erdige, kampferartige und extravagante Düfte sollten Sie verzichten, da sie Allergien verursachen und reizend auf die Schleimhäute wirken können. Vermeiden Sie deshalb: Anis, Eukalyptus, Kampfer, Koriander, Kümmel, Muskatnuss, Menthol, Nelke, Pfefferminze, Rosmarin, Salbei, Thymian, Teebaumöl, Wacholder, Wurzelöl, Ysop, Zeder und Zimt.

Achten Sie auf kindersichere Verschlüsse und eine sichere Verwahrung Ihrer Ölfläschchen.

Ich möchte darauf hinweisen, dass eine Beduftung mit dem richtigen ätherischen Öl keine Schäden verursacht. Warnen möchte ich nur vor einer zu häufigen und intensiven Verwendung.

Viel Spaß mit den folgenden Übungen – und vertrauen Sie auch Ihrem eigenen „Riecher".

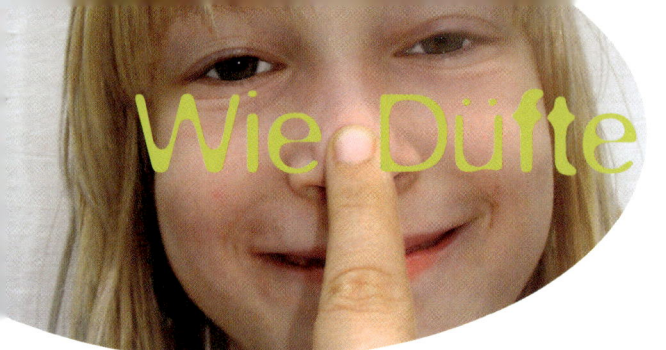

Wie Düfte wirken

Im Gehirn ist die Verarbeitung von Gerüchen eng mit dem limbischen System, einem Teilbereich des Gehirns, verknüpft, das für Gefühle und Emotionen zuständig ist. Aus diesem Grund können bestimmte Düfte z. B. Erinnerungen aus der Kindheit inklusive der dazugehörigen Emotionen wachrufen.

Gerüche lösen Verhalten aus

Doch nicht nur konkrete Erinnerungen, auch allgemeine Inhalte können mit bestimmten Gerüchen assoziiert sein. Man denke da an Weihnachten, an den Tannenduft oder an den Zahnarzt, an das Desinfektionsmittel. Selbst unbewusst wahrgenommene Düfte können einen Einfluss auf die Gedanken und das Verhalten haben. So stellt der typische Zitrusduft eines Allzweckreinigers das Gehirn automatisch auf Saubermachen, Aufräumen und Putzen ein. Niederländische Forscher wiesen nach, wer den Putzmittelgeruch in der Nase hatte, sorgte unbewusst für Sauberkeit um sich herum.

Das limbische System

Wenn wir sehen, hören und fühlen, werden die Informationen direkt über Reizleitungen dem Gehirn gemeldet. Beim Riechen werden die Informationen zum Teil direkt in der Riechschleimhaut verarbeitet, wo sich auch Neuronen befinden. Die Geruchsinformationen gelangen über die Nase, bei Massagen über die Haut, beim Essen über den Mund ins Blut, dann werden sie in Nervenimpulse übersetzt und an unser limbisches System geschickt.

Das Auge riecht mit

Wie ein Geruch wahrgenommen wird, entscheiden auch die Augen. Denn die Nase lässt sich von den Augen täuschen. Einen Duft völlig getrennt von den anderen Sinnen zu beschreiben ist nahezu unmöglich. Eine Beschreibung von Gerüchen ist komplett subjektiv. Selbst Weinkenner verwenden für die Beschreibung des Buketts meist Begriffe, die mit der Farbe des Getränkes assoziiert sind.

So können Düfte wunderbare, inspirierende, entspannende und beruhigende Begleiter sein, um Brücken zu bauen, die uns und unserem Umfeld bessere Rahmenbedingungen bieten.

Arbeiten mit ätherischen Ölen

Ätherische Öle sind immer hochkonzentrierte Substanzen, die naturrein belassen, aber auch naturidentisch, künstlich hergestellt werden. Das Wort „ätherisch" wurde vom griechischen Wort „aither" abgeleitet, was so viel bedeutet wie „Himmelsduft." Die Substanzen sind zwar flüchtig, aber stellen ein Konzentrat der jeweiligen Pflanze dar.

Man stellt ätherische Öle mit drei verschiedenen Verfahren her:

Wasserdampfdestillation: Dieses Verfahren wird in der Regel am häufigsten angewandt, weil es auch die besten Ergebnisse bringt. Die Wasserdampfdestillation wird benutzt, um in Wasser unlösliche Produkte zu trennen bzw. zu reinigen. Dabei streicht Wasserdampf durch die Pflanzenteile, danach wird das Gemisch gekühlt und kondensiert. Dann hat man zwei Bestandteile,

nämlich oben schwimmt das ätherische Öl, welches nicht wasser-
löslich ist und darunter befindet sich das Hydrolat, welches wasser-
lösliche Bestandteile des Duftes enthält.

Kaltpressung: Bei der Kaltpressung ist es wichtig, dass die Pflanzen
oder Zitrusfrüchte aus dem biologischen Anbau stammen, da die
Essenz bereits in der gewünschten Form in der Pflanze oder Frucht
vorhanden ist und nur durch einfaches Auspressen gewonnen
wird.

Extraktion: Dies bedeutet „herausziehen". Da viele Pflanzen sehr
temperaturempfindlich sind, können sie nicht mit der Wasserdampfdestillation hergestellt werden. Deshalb löst ein Lösungsmittel, meist ein Alkohol, den Duft, dieser verdampft danach, wird
mit Alkohol gewaschen und wieder entzogen. Zurück bleibt eine
hochkonzentrierte Flüssigkeit. Man bezeichnet sie als Absolue.

Die ätherischen Öle werden in kleinen Fläschchen in Apothe-
ken, Bioläden oder Reformhäusern angeboten. Es gibt eine große
Auswahl und man kann durchaus auch einiges falsch machen, bei
der Duftauswahl oder bei der Anwendung. Deshalb lassen Sie sich
beraten. Wichtig ist die 1a-Qualität der ätherischen Öle. Folgende
Informationen sollte Ihr Ölfläschchen tragen.

- *Deutscher und lateinischer Pflanzenname*
- *Der Pflanzenteil, der zur Gewinnung genutzt wurde*
- *Anbau der Pflanze (kontrolliert biologisch,*
  Wildsammlung, konventionell)
- *Welches Verfahren wurde angewandt?*
  (Kaltpressung, Wasserdampfdestillation, Extraktion)
- *Welches Lösungsmittel wurde verwendet?*
- *Welches Verdünnungsmittel wurde verwendet?*
- *In welchem Mischungsverhältnis erfolgte die Verdünnung?*

Wichtiges und Beachtenswertes

Bei der Anwendung von ätherischen Ölen sollte man einige Grundsätze beachten: Verzichten Sie generell auf eine innerliche Anwendung, bzw. auch auf eine äußerliche Anwendung pur auf die Haut. Nur ausdrücklich dafür ausgewiesene Öle sollten als Massageöle, immer nur in stark verdünntem Zustand (1:1000, 10 - 15 Tropfen in flüssigem Honig oder Sahne verrührt) verwendet werden. Bedenken Sie dabei, dass ätherische Öle hochkonzentrierte Substanzen sind. Überlassen Sie das den ausgebildeten Fachleuten.

Es gibt Öle, die man bei Kindern aufgrund der hohen Konzentration, die zum einen reizend auf die Schleimhäute wirken, aber auch Allergien verursachen können, vermeiden sollte:

Anis • Eukalyptus • Kampfer • Koriander • Kümmel • Muskatnuss • Menthol • Nelke • Pfefferminze • Rosmarin • Salbei • Thymian • Teebaumöl • Wacholder • Wurzelöl • Ysop • Zeder • Zimt

Denken Sie auch an eine sichere Aufbewahrung der Duftöle sowie an kindersichere Verschlüsse.

Aber Panik ist fehl am Platz, profitieren Sie von den nachfolgenden Tipps, werden Sie neugierig, probieren Sie es zunächst alles selber aus und vertrauen Sie Ihrem richtigen „Riecher".

Kleine und große Menschen mit Düften neugierig machen

Ein gutes Dufterlebnis erreicht man mit einer „Duftlampe". Darin werden die Öle stets mit viel Wasser verdünnt. Die Dosierung richtet sich nach der Raumgröße und der Duftintensität der ätherischen Öle (2 - 6 Tropfen pro Duftlampe).

Kleine und große Menschen erfreuen sich auch an „Duftenden Figuren", kleine Anhänger aus Holz, Ton, Filz oder Moosgummi, die mit einem Tropfen ätherischem Öl beträufelt werden.

Kerzensand und ein Docht in einem feuerfestem Gefäß duften auch grandios, wenn man ätherisches Öl zufügt. Aber Vorsicht! Ätherische Öle sind leicht brennbar, also nie direkt auf eine brennende Kerze geben!

Duftendes Briefpapier erhält man, wenn man kleine Streifen Löschpapier mit ätherischem Öl beträufelt und zwischen normales Briefpapier legt. Nach ein paar Tagen in einer verschlossenen Schachtel hat man sehr edles, duftendes Papier.

Ein Dufttaschentuch kann ein wertvoller Alltagsbegleiter sein. Ein Tropfen ätherisches Öl auf ein Papier- oder Stofftaschentuch und fertig ist das Dufttaschentuch.

- *Die kurze Verflüchtigungszeit (Kopfnoten) dauert 1 bis 2 Stunden*
- *Die mittlere Verflüchtigungszeit (Herznoten) dauert 2 bis 5 Stunden*
- *Die lange Verflüchtigungszeit (Basisnoten) dauert 6 bis 24 Stunden.*

Wichtige Düfte

Die klassische französische Parfümerie hat ein Ordnungssystem, für die unüberblickbare Menge von Gerüchen entwickelt. Dabei orientierte sie sich stark an der Welt der Musik, wo jeder Ton einer Note zugeordnet wird. Ausgangspunkt dabei ist die Verflüchtigungszeit:

Kopfnoten: Düfte, die zu den Kopfnoten zählen, sind wie kurzschwingende Musiktöne. Tröpfelt man sie in eine Duftlampe, entwickeln sie sich sofort im Raum, bauen sich aber auch schnell wieder ab.

Beispiel: Orange, Blutorange, Mandarine, Clementine, Litsea

Herznoten: Die Herznoten mit einer mittleren Verflüchtigungszeit haben einen intensiven, blumigen Duft.

Beispiel: Rose, Geranie, Lavendel, Neroli, Melisse

Basisnoten: Die Basisnoten haben eine bis zu 24 Stunden lange Verflüchtigungszeit und eine tiefe, erdige Wirkung.

Beispiel: Honig, Vanille, Benzoe

Beschreibungen der Ölauswahl von A - Z

	Pflanzenfamilie	Gewinnung	Duftprofil
Benzoe *Styrax tonkinensis*	Storaxbaumgewächs	Harz des Benzoebaumes, Extraktion	holzig, weich, vanillig, leicht schokoladig
Blutorange *Citrus sinensis*	Rautengewächs	Kaltpressung der Schalen	frisch, holzig, weich zart
Clementine *Citrus deiciosa*	Rautengewächs	Kaltpressung der Schalen	holzig, weich, zart
Geranie *Pelagonium odoratissimum*	Storchschnabel- gewächs	Wasserdampfdestillation der Blätter	zart, liebevoll, warm
Honig		Extraktion aus der Wabe	süß, warm, wachsig
Lavendel *Lavendula officinalis*	Lippenblütler	Wasserdampfdestillation der Blüten	frisch, klar, luftig, blumig, krautig, rein
Litsea *Litsea cubeba*	Lorbeergewächs	Wasserdampfdestillation der Früchte	frisch, hell, zitrusartig
Mandarine *Citrus reticulata*	Rautengewächs	Kaltpressung der Schalen	frisch, süß, fruchtig, sonnig
Melisse *Mellissa officinalis*	Lippenblütler	Wasserdampfdestillation des Krautes	frisch, warm, zart
Neroli *Citrus aurantium amara*	Rautengewächs	Wasserdampfdestillation der Blüte	frisch, süß, weich, zart, blumig
Orange *Citrus sinensis*	Rautengewächs	Kaltpressung der Schalen	frisch, süß, warm, fruchtig
Rose *Rosa*	Rosengewächse	Wasserdampfdestillation der Blüte	rosig, blumig, warm, zart
Vanille *Vanilla planifoia*	Orchideengewächs	Extraktion	süß, warm

Wirkung	Duftthema	Mischungsöle
kräftigend, zentrierend, stabilisierend, erdend	einhüllend, beruhigend, Seelentröster	Clementine, Orange, Mandarine Litsea, Rose, Geranie, Honig, Vanille
erfrischend, anregend konzentrationsfördernd	ausgleichend, stimmungs- aufhellend, vermittelt Energie	Litsea, Lavendel, Neroli, Honig, Benzoe, Vanille
erfrischend, anregend, konzentrationsfördernd	erfrischend, erheiternd	Litsea, Lavendel, Neroli, Honig, Benzoe, Vanille
vielseitig, beruhigend, harmonisierend	lässt Alltagssorgen verfliegen, zerstreut Ängste	Litsea, Lavendel, Neroli, Rose, Honig
ausgleichend, geborgen, kuschelig	wärmend, ausgleichend	Clementine, Orange, Litsea, Rose, Mandarine, Geranie, Benzoe, Vanille
harmonisierend, ausglei- chend, sinnlich, anregend	ausgleichend, stimmungs- hebend, Öl für die Mitte	Clementine, Mandarine, Orange, Geranie, Neroli, Rose
erfrischend, anregend, konzentrationsfördernd	erfrischend, stimmungs- hebend	Clementine, Mandarine, Orange, Lavendel, Neroli, Rose, Benzoe, Vanille
erfrischend, anregend, konzentrationsfördernd	erfrischend, stimmungs- hebend	Litsea, Lavendel, Neroli, Honig, Benzoe, Vanille
harmonisierend, ausglei- chend, sinnlich, anregend	inspirierend, ausgleichend, stärkend	Geranie, Lavendel, Rose
anregend, emotional, ausgleichend	entspannend, stimmungs- aufhellend	Geranie, Lavendel, Rose
erfrischend, anregend, konzentrationsfördernd	ausgleichend, stimmungs- erhellend	Litsea, Lavendel, Neroli, Benzoe, Honig, Vanille
harmonisierend, ausglei- chend, sinnlich, anregend	ausgleichend, anregend, sinnlich	Clementine, Litsea, Mandarine, Orange, Geranie, Lavendel, Neroli, Honig, Vanille
entspannend, besänftigend, sinnlich	beruhigend, ausgleichend, verdauungsanregend	Clementine, Litsea, Mandarine, Orange, Rose, Benzoe, Honig, Vanille

Wie Farben wirken

Einführende Informationen zur Farbenlehre

Jeder Mensch hat seine Lieblingsfarbe. Die Farben in der Natur sehen wir aber gar nicht, denn das Gehirn definiert unsere Farben. Damit das Gehirn Farben erzeugen kann, braucht es die Augen. Spezielle Zellen im Auge sorgen dafür, dass Farbreize wahrgenommen und im Gehirn als Farbe definiert werden.

Mit 120 Millionen Sinneszellen alle Farben genießen

Der Farbreiz kommt von der Sonne; ihr Licht wird von allen Gegenständen und Oberflächen reflektiert. Das Licht der Sonne besteht aus vielen einzelnen Farben, aber zusammen betrachtet ist das Sonnenlicht weiß.

Wenn man sich das Licht der Sonne als Wellen vorstellt, hat jede Farbe eine andere Wellenlänge. Durch diese bestimmten Wellen erkennt nun das Auge die Farbe. Die reflektierten Lichtstrahlen gelangen in der Netzhaut auf eine Schicht mit 120 Millionen Sinneszellen.

Dabei unterscheidet man zwei verschiedene Sorten, die Stäbchen und die Zäpfchen. Die Stäbchen unterscheiden das Sehen von hell bis dunkel und die Zäpfchen sehen die Farben.

Farbpsychologie: Wie Farben auf uns wirken

Aber Farben bedeuten für den Menschen nicht nur einfache Sinnesempfindungen, sondern sie haben auch noch weitere, komplexere und psychologische Wirkungen. Niemand kann sich der Wirkung von Farben entziehen. Die Farben besitzen Kräfte, mit denen wir Menschen in positiver oder in negativer Beziehung stehen. Dabei spielen Gefühle, wie ich die jeweilige Farbe in ihrer Eigenschaft beschreibe, sowie Assoziationen – also in Verbindung mit der jeweiligen Farbe bestehende Erinnerungen – eine große Rolle. So ist die Verwendung der verschiedenen Farben gekoppelt mit dem Charakter des Menschen, seinen sonstigen Vorlieben, seinem Temperament und seinen momentanen Stimmungen.

Über einige Jahrzehnte haben sich die Bedeutungen von Farben entwickelt. Welche sinnesanregende, spannende und entspannende Ausweitung die unzähligen Farbeindrücke, gekoppelt mit Düften und Klängen haben, kann man mit den nachfolgenden Spielideen erleben.

Farbbeschreibungen – welche psychologische Entwicklung?

In alten Kulturen finden wir schon Aufzeichnungen um die Bedeutungen der Farben. Die heutige moderne Psychologie hat die Farbtherapie entwickelt, die eindeutige Beziehungen zwischen Farben und den davon ausgehenden, psychischen Verhaltensweisen beschreibt. Bei dieser Therapie sind Farbtests notwendig.

Der bekannteste Test ist der des Psychologen und Farbdiagnostikers Max Lüscher. Weitere psychologische Farbtests (Frieling-Test und Pfister-Hess-Hiltmann) verfeinern die jeweiligen Farbdiagnosen.

Obwohl alle Testergebnisse im Einzelnen voneinander abweichen, so ist doch übereinstimmend festzustellen, dass Blau, Rot und Grün für die Menschen aller sozialen Schichten als Lieblingsfarbe eingestuft werden.

Niemand kann sich der Wirkung der Farben entziehen. So befassen sich Psychologen auch mit den Eigenschaften und Symbolwerten von Farben. So werden die Eigenschaften und die Wirkungen von Farben in verschiedenen Lebensbereichen genutzt.

Rote Farbwirkung: *Rot ist die Farbe des Feuers, der Gefahrensignale, des Blutes, der Wärme, des Lebens, des Zornes und der Liebe. Rot wirkt appetitanregend, durchblutungsfördernd und steigert den Stoffwechsel.*

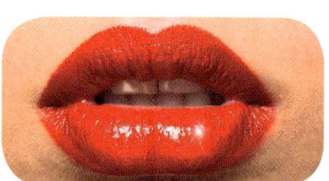

Blaue Farbwirkung: *Blau ist die Farbe des Wassers, des Himmels, der Kälte, der Entspannung, der Harmonie, der Weite, und des Vertrauens. Blau wirkt unveränderbar, ist geduldig, leise und fördert die Sachlichkeit und die Präzision der Gedanken.*

Gelbe Farbwirkung: *Gelb ist die Farbe der Sonne, des Mondes, der Lebenskraft, der Leichtigkeit, der Freiheit, der Frische, der Eifersucht und des Hasses. Gelb wirkt abenteuerlich, gefährlich und unterstützt alle geistigen Fähigkeiten. Auch fördert Gelb die Intelligenz und die Konzentration.*

Grüne Farbwirkung: *Grün ist die Farbe der Heilkraft der Natur, der Gesundheit, der Jugend, der Erholung, des Friedens, der Hoffnung und des Giftes. Grün wirkt ruhig, gleicht aus, fördert die Konzentration und die Kreativität.*

Orange Farbwirkung: *Orange ist die Farbe der Orangenfrucht, der Erfrischung, der Fröhlichkeit, der Lust, des Mutes, der Reife, der Freude, der Jugend, der Opferbereitschaft. Orange wirkt erfrischend, inspiriert, entfacht einen glücklichen, entspannten Geisteszustand und steigert die Kreativität.*

Braune Farbwirkung: *Braun ist die Farbe der Erde, des Schmutzes, des Holzes, der Tradition, der Geborgenheit, der Ruhe, der Erniedrigung. Braun wirkt bodenständig, gemütlich, still und warm.*

Violette Farbwirkung: *Violett ist die Farbe der Kreativität, der Kirche, der Märtyrer, der Frauenbewegung, und der Würde. Himmel und Erde, Bewusstsein und Traum verbinden diese Farbe. Violett zeigt und löst Konflikte.*

Weiße Farbwirkung: *Weiß ist die Farbe der Reinheit, der Unendlichkeit, der Medizin, der Stille, der Unschuld, des Friedens, der Heiligkeit und der Trauer. Weiß wirkt kühl, sachlich, neugierig aber auch unnahbar und gleichgültig.*

Schwarze Farbwirkung: *Schwarz ist die Farbe der Trauer, der Hoffnungslosigkeit, der Macht, der Dunkelheit, der Seriösität, der Individualität und der Ernsthaftigkeit. Schwarz wirkt extravagant, intellektuell, ehrgeizig, mächtig, aber auch schwach, unsauber, neurotisch und unangepasst.*

Graue Farbwirkung: *Grau ist die Farbe der Farblosigkeit, der Unauffälligkeit, der Depression, der Schüchternheit, der Neutralität und der Bürokratie. Grau wirkt zurückhaltend, konservativ, diplomatisch, eifrig, aber auch müde, ablehnend, überheblich und neurotisch.*

Mit Düften und Farben arbeiten

Entspannungsübungen mit kleinen Menschen

Der wichtigste Raum in der Schule ist für jeden
Schüler das Klassenzimmer sowie für Kindergartenkinder der
Gruppenraum. Neben Zonen für Gemeinsames sollte es
auch Zonen geben, wo sich die Kinder zurückziehen können.
Im gesamten Raum sollten die Kinder soziale Fähigkeiten
und verschiedene Lernangebote mit allen Sinnen entwickeln
können. Dabei spielen Düfte und Farben eine große Rolle.

15 - 30 min

Duftspirale

Material: Zweige, Blätter, Blumen, Rindenmulch, Steine, Schale mit Wasser, Schwimmkerze, Streichhölzer, farbige Tücher, ätherisches Öl (z. B. Litsea oder Orange), CD-Player, Entspannungs-CD

Einsatzmöglichkeit: Am Anfang oder Ende eines Schuljahres/Kindergartenjahres, Elternabend, Projekt, am Wochenanfang oder Wochenende, zur Adventszeit

CD: Titel 1 und 8

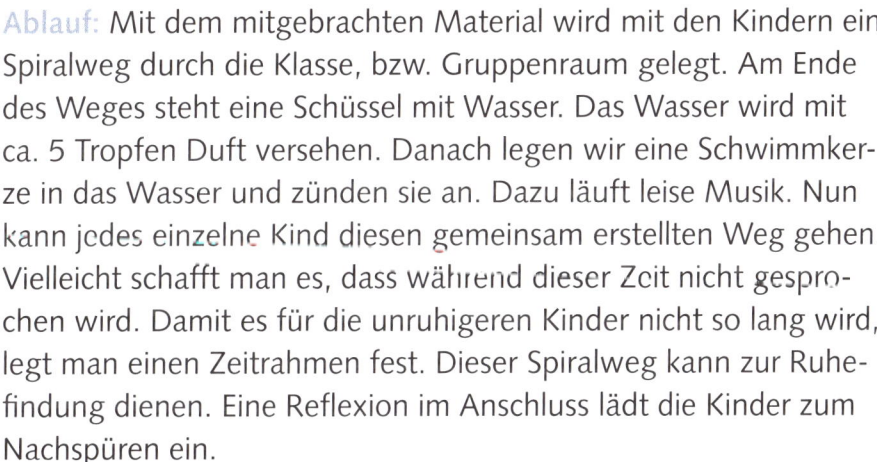

Ablauf: Mit dem mitgebrachten Material wird mit den Kindern ein Spiralweg durch die Klasse, bzw. Gruppenraum gelegt. Am Ende des Weges steht eine Schüssel mit Wasser. Das Wasser wird mit ca. 5 Tropfen Duft versehen. Danach legen wir eine Schwimmkerze in das Wasser und zünden sie an. Dazu läuft leise Musik. Nun kann jedes einzelne Kind diesen gemeinsam erstellten Weg gehen. Vielleicht schafft man es, dass während dieser Zeit nicht gesprochen wird. Damit es für die unruhigeren Kinder nicht so lang wird, legt man einen Zeitrahmen fest. Dieser Spiralweg kann zur Ruhefindung dienen. Eine Reflexion im Anschluss lädt die Kinder zum Nachspüren ein.

Varianten:

- Die Kinder gehen paarweise den Weg.

- Ein Kind hat die Augen verbunden und ein anderes Kind führt es.

- Sobald ein Kind oder sonstiger diesen Spiralweg geht, herrscht im Raum Ruhe.

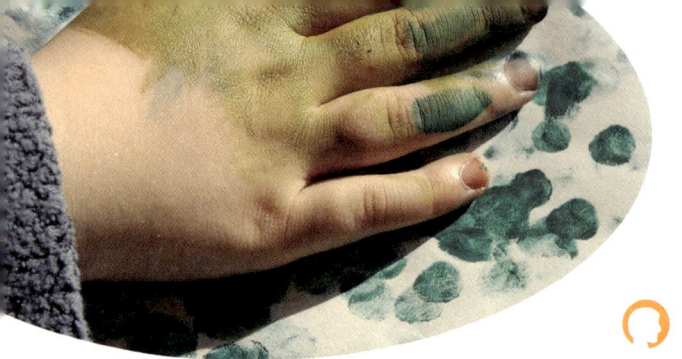

30 - 45 min

Buntes Ruhetuch

Material: Mehrere weiße, zusammengenähte Leinentücher mit jeweils 2 - 4 Haken versehen, verschiedene Textilmalstifte, ätherische Öle (z. B. Orange und Litsea), Duftlampe, Streichhölzer, CD-Player, Entspannungs-CD

Einsatzmöglichkeit: Am Anfang eines Schul- oder Kindergartenjahres, oder am Anfang eines Projektes

CD: Titel 1 und 4-8

Ablauf: Auf dem weißen Leinentuch findet jedes Kind seinen Platz und kreist ihn mit einem beliebig farbigen Textilstift ein. Mit Textilstiften bemalt das Kind seinen „Platz der Ruhe". Jedes Kind sollte ausreichend Platz zum Sitzen, Knien oder auch Liegen haben.

Dabei läuft eine Entspannungs-CD. In eine bereitgestellte Duftlampe tröpfelt man bis zu 5 Tropfen konzentrationsfördernden, anregenden Duft. Nach Fertigstellung des bunten Ruhetuches probiert man auch gleich die Wirkung aus. Immer dann, wenn demnächst das Ruhetuch ausgebreitet wird, sucht jedes Kind seinen Platz und verhält sich ganz leise. Es kann zum kurzzeitigen Träumen, zum Zuhören oder zum regelmäßigen Entspannen genutzt werden. Anschließend gibt es eine kurze Reflexion und das Ruhetuch kommt an den Haken.

„Duftwiese"-Tipp

Mit so einem Ruhetuch haben Sie blitzschnell mit wenig Aufwand und mit wenigen Worten den Fokus auf die nachfolgende Ruhe gelenkt!

„Duftwiese"-Tipp

Mit dem Ruhetuch und dem Ruhekissen sind Sie perfekt gerüstet, um verschiedene Entspannungssequenzen durchzuführen.

Buntes Ruhekissen

ca. 30 min

Material: Weißer Stoffbeutel (Einkaufsbeutel), Watte, verschiedene Textilmalstifte, ätherische Öle, Duftlampe, Streichhölzer, CD-Player, Entspannungs-CD

CD: Titel 2 und 4-6

Ablauf: Jedes Kind bekommt eine weiße Stofftasche und bemalt diese mit Farben und Motiven, um sie zur eigenen Entspannung zu nutzen. Entspannungsmusik und ein Duft aus der Duftlampe inspirieren bei dieser Aufgabe. Nachdem jedes Kind die beiden Seiten bemalt hat, wird die Stofftasche nun mit Watte gefüllt. Fertig ist das bunte Ruhekissen, sogar mit Griffen zum Aufhängen.

Das Kissen kann nun vielfältig zum Einsatz kommen, zum Beispiel für die kurze Entspannung zwischendurch. Die Kinder holen ihre Ruhekissen, legen ihren Kopf darauf, entspannen sich oder hören bei einer Fantasiereise zu. Oder man benutzt das Ruhekissen in Verbindung mit dem Ruhetuch.

Es ist aber auch zur Kissenschlacht geeignet!

 „Bitte nicht stören!"

Material: Festes Papier, Buntstifte, durchsichtige Hülle, evtl. Kordel oder Faden, CD-Player, Entspannungs-CD

CD: Titel 4-6

Ablauf: Um im Klassen- oder Gruppenraum die hier angebotenen Sinneswahrnehmungen und auch die dann aufkommende Entspannung ungestört zu genießen, fertigen die Kinder ein „Bitte nicht stören!"-Schild an.

Dazu malen oder schreiben wir den Text auf ein festes Papier, geben es in eine durchsichtige Hülle und knoten einen Faden daran zum Aufhängen. Bewährt hat sich auch, dass alle Kinder auf dem Schild unterschreiben.

ca. 15 min

„Duftwiese"-Tipp

Man kann auch eine bewegliche Uhr auf dem Schild anbringen, die anzeigt, wann man wieder in den Raum eintreten darf.

ca. 15 min

Fantasiereise: „Die Wiese des Zauberers"

Material: Ruhetuch, Ruhekissen, ätherisches Öl (z. B. Lavendel und Neroli), Text der Fantasiereise, CD-Player, Entspannungs-CD

CD: Titel 2 und 5-6

Ablauf: Die Kinder bereiten zur bevorstehenden Fantasiereise den Raum vor. Das Ruhetuch wird ausgelegt. Der Raum wird leicht abgedunkelt. Vor die Türe kommt ein Schild mit der Aufschrift: „Bitte nicht stören!" Die Duftlampe wird angemacht, evtl. auch die Entspannungs-CD eingelegt.

Die Kinder setzen oder legen sich auf ihr Ruhetuch. Man stellt eine Uhr auf, oder erklärt, wann die Fantasiereise beginnt, wann sie aufhört und dass man währenddessen ganz leise ist. Dadurch kann eine evtl. auftretende Unruhe geschmälert werden. Man sollte Kindern freistellen, ob sie die Augen während der Fantasiereise offen lassen oder schließen. Nach der Fantasiereise sollte immer eine Reflexion folgen.

Varianten:

• Die Kinder bleiben an ihren Tischen und legen ihre Köpfe auf ihr Ruhekissen.

Die Wiese des Zauberers

Einleitung: Nehmt nun eure Plätze ein, legt oder setzt euch bequem hin. Ihr seht nun euren Ruheplatz, das alles habt ihr selbst gestaltet. Ihr seht, fühlt und/oder riecht euren Platz und fühlt euch wohl. Wie still ihr jetzt seid! Es ist einfach wunderbar, wie ihr mir zuhört... *(Die dann folgende Geschichte sollte immer in der Du-Form vorgelesen werden!)*

Entspannungstext: Mit deinen Gedanken und mit deiner Fantasie kannst du tolle Geschichten erleben. Stell dir vor, so wie du da liegst und vor dich hin träumst, kommen zwei Zwerge auf dich zu und laden dich ein. „Hey, hallo, wie geht es dir?", rufen sie dir zu. „Ach, ich weiß nicht", sagst du. Na, dann komm doch mit uns. Unser Freund, der Zauberer hat uns eingeladen, er wohnt auf einer Zauberinsel, und die ist nur mit unserem Flugzeug zu erreichen. „In Ordnung", sagst du. Und los geht es... Während des Fluges hörst du die monotonen Motorgeräusche. Das macht ein bisschen müde... „Das ist gut um ein Nickerchen zu machen.", denkst du... Du genießt die angenehme Ruhe, und so langsam wird dein Körper ganz schwer... Du merkst es ganz deutlich... Auch die Wärme, die nun deinen ganzen Körper durchströmt, ist dir sehr angenehm... Du spürst deinen Bauch, wie er sich hebt und senkt, und du lässt dich einfach ein bisschen treiben...

Plötzlich fühlst du einen leichten Windhauch über deiner Stirn... Die Zwerge öffnen gerade die Flugzeugtür. „Wir sind da.", rufen sie. „Aussteigen!" Ein angenehmer Duft empfängt dich... „Wie gut das riecht.", schwärmst du... „Ja, das ist die Wiese des Zauberers, dort wachsen die schönsten Blumen, und sie duften einmalig", sagt der eine Zwerg. „Zum Schloss des Zauberers ist es nun nicht mehr weit", sagt der andere Zwerg.

Du kannst dich gar nicht satt sehen an den schönen, farben-
prächtigen Blumen und nicht satt riechen an ihrem bezaubernden
Duft… Du legst dich einfach mitten in die Wiese und genießt
es… „Hey du", rufen die Zwerge, „möchtest du den Zauberer
nun kennenlernen oder nicht?"

„Ja, natürlich, ich komme, wartet auf mich!", sagst du… Das
blaue Schloss des Zauberers wird von der Sonne angestrahlt… An
manchen Stellen schimmert es sogar in allen Farben… Ringsher-
um fließen kleine Bäche, die von einem Wasserfall gespeist werden… Ab und zu sieht man kleine springende Fische, die große
Kreise im blauen Wasser hinterlassen… „Habe ich das gerade
richtig gesehen?", fragst du, „Die Fische sind ja auch ganz bunt!
… Oh, ist das schön hier, so etwas Schönes habe ich noch nie
gesehen." … „Warte ab, bis du im Schloss bist.", entgegnen die
Zwerge… „Und warte ab, bis du die Küche des Zauberers mit
all den leckeren Köstlichkeiten kennenlernst." Der Zauberer, ein
großer, schlanker Mann mit langen, wehenden Haaren, einem
grünen Umhang und mit den blauesten und leuchtesten Augen,
die du je gesehen hast, begrüßt euch freundlich. Die Zwerge
stellen dich vor. Der Zauberer schaut dich aufmerksam an, streicht
dir übers Haar und sagt: „Schön, dass ihr da seid… Kommt her-
ein und macht es euch bequem." … Überall im Schloss siehst du
kleine plätschernde Zimmerbrunnen, riesige bunte Kissenflächen,
Teppiche aus weicher Wolle und Blumen, überall duftende Blumen… An einem offenen Kamin, wo ein gelbrotes Feuer lodert,
nimmt jeder in einem Schaukelstuhl Platz… Selbst hier ist der Duft
der Blumen zu riechen… Du fühlst dich sehr wohl… Der Zauberer
erzählt: „Ich bin sehr glücklich hier in meinem Schloss und auf
meiner Wiese, allerdings habe ich meinen Zauberstab verloren
und nun keine Zauberkraft mehr. Aber ich habe immerhin noch

meinen Glücksstein. Seht hier, einen wunderschönen, türkisfarbenen Glasstein, mehr brauche ich nicht!"… „Wie sieht dein Zauberstab denn aus, Herr Zauberer?", fragst du nach. „Es ist ein ganz kleiner Stab, nur so groß wie ein Bleistift, er hat eine blaue Farbe und ist mit kleinen, glitzernden Sternchen übersät." „Augenblick", sagst du, „ich bin gleich wieder da." Und schon läufst du nach draußen, zurück auf die Wiese, genau an die Stelle, wo du dich vorhin auf die Wiese gelegt hast. Da ist dir nämlich etwas Glitzerndes aufgefallen. Und richtig, das müsste der Zauberstab sein. Schnell rennst du zurück und überreichst dem Zauberer seinen Zauberstab. Seine Augen strahlen im schönsten Blau. „Danke, vielen Dank", freut sich der Zauberer. „Zur Belohnung sollst du meinen Glücksstein bekommen, pass gut auf ihn auf!" – „Das werde ich tun", antwortest du „und vielen Dank auch!" Nach einem köstlichen, wohlriechenden und wohlschmeckendem Mahl startest du mit den Zwergen das Flugzeug. Auf der Heimreise träumt jeder vor sich hin, genießt die Ruhe, die Schwere im Körper und die angenehme Wärme…

Abschluss: Den Stein hältst du fest in der Hand, als du aus dem Flugzeug krabbelst. „Tschüss und vielen Dank", rufst du den Zwergen zu… Ich zähle nun bis sieben, dann machen alle eine Faust, zuerst mit der rechten Hand, dann mit der linken. Nun recken und strecken wir uns gemeinsam. Dann sind wir wieder im Hier und Jetzt.

Reflexionsvorschläge:

- Alle Kinder bemalen einen Stein.

- Alle bekommen einen Stein geschenkt.

- Ein Erzählstein geht durch die Runde und jeder, der möchte, berichtet über sein Erlebnis während der Fantasiereise.

Herbst

Duft- und Farberlebnisse im Jahreskreis

Wir erleben mit den Kindern immer wieder gerne die verschiedenen Jahreszeiten. Die Kinder freuen sich auf die Wechselspiele des Frühlings, des Sommers, des Herbstes und des Winters. Gerade durch die naturgegebenen Eigenheiten jeder Jahreszeit sind positive und intensive Erlebnisse durch Düfte, Farben und Entspannung sehr spannend.

Winter

Frühling

Sommer

Herbst

Der Herbst und seine Feiertage

Der Herbst ist die Jahreszeit zwischen Sommer und Winter. Ursprünglich bedeutet Herbst „Zeit der Früchte", „Zeit des Pflückens", bzw. „Ernte-Zeit".

Die Natur verändert sich, wir entdecken bunt gefärbte Blätter an den Laubbäumen. Wir laufen durch die Blätterwege, weil das so schön raschelt. An windigen Tagen lassen wir Drachen steigen. Überall finden Erntedankfeste und Halloween-Feiern statt.

Aber vor allem genießen wir den Duft und die Farben des Herbstes sowie die letzten warmen Sonnenstrahlen.

Das Erntedankfest

Das Erntedankfest spielt sich oft nur hinter Kirchen- und Gemeindetüren ab. Da liegt aber auch der Ursprung. Nach Beendigung der Erntearbeiten dankte man Gott für seine Gaben. Die Erntehelfer dankten auch den Bauern, dass sie ihnen Arbeit und Lohn gegeben haben. Die Erntehelfer banden den Bauern einen Ährenkranz und überreichten ihn mit den Worten:

„Ich bring dem Herrn einen Kranz von Korn,
er ist gewachsen unter Distel und Dorn,

er hat ausgestanden Schnee, Hagel, Blitz und Regen,
all die Menschen wünschen Glück und Segen. "

Halloween

Die wenigsten wissen, dass dieser Brauch eigentlich aus Irland stammt, nämlich aus der keltischen Geschichte.

Mit diesem ausgelassenem Fest und Feuern sollten die bösen Geister vertrieben werden. Einwanderer brachten es in die USA, seitdem gehört Halloween zum amerikanischen Brauchtum.

Überall sitzen in der Nacht vom 31. Oktober Fratzen und gruselige Kürbisköpfe in den Gärten der Häuser. Die Kinder tragen gruselige Kostüme, klingeln an den Häusern und bekommen Süßigkeiten – nach dem Motto: „Gib mir was, oder du wirst eine Überraschung erleben."

ca. 60 min

 Das Herbstbild: „Herbststimmung"

Material: Herbstmaterialien (Blätter, Kastanien, Erde, Gras, Heu und Nadelhölzer), Duftlampe, ätherisches Öl (z. B. Rose), CD-Player, Entspannungs-CD

CD: Titel 2 und 4-8

Ablauf: Mit den Kindern unternimmt man einen schönen Herbstspaziergang. Dabei sammelt man Herbstmaterialien und konzentriert sich dadurch auch bewusst auf diese Jahreszeit. Danach kann man nun im Gruppen- oder Klassenraum eine Herbststimmung schaffen, vielleicht in Form einer Duftspirale (siehe Seite 21). Schön ist auch, wenn Ur- und Naturdüfte wie Erde, Gras, Heu und Nadelhölzer zu riechen sind. Diese Düfte geben den Kindern Geborgenheit und helfen sich ins Irdische einzufinden.

Als Ergänzung ist der Duft der Rose aus der Duftlampe zu empfehlen. Die Rose ist das Symbol der Liebe und ihr Duft wirkt harmonisierend auf verschiedene Gefühlszustände. Nachdem der Raum nun so eine Herbststimmung erhalten hat, spricht man mit den Kindern über Beobachtungen, was sich im Herbst verändert, zum Beispiel über das Wetter, oder wie sich Pflanzen, Tiere oder unser eigenes Verhalten verändern. Danach kann man mit den Kinder als Reflexion ein Herbstbild malen lassen.

ca. 20 min

Erntedankfest-Mandala

Material: Obst, Gemüse, Getreide, Sonnenblumen, Blätter etc., Kopiervorlage (Seite 92), CD-Player, Entspannungs-CD

CD: Titel 4-6

Ablauf: Die Kinder bringen zur Feier des Erntedankfestes Früchte, Gemüse, Getreide und Blumen mit. Nun legen Sie gemeinsam einen Kreis fest und eine Mitte. Nach dieser Anordnung können die Kinder nun ihr Erntedankfest-Mandala legen. Mit einer leisen Entspannungsmusik unterstützt man die ruhige Arbeitsweise. Nachdem die Kinder fertig sind, setzen sie sich im Kreis um das Mandala. Die Kinder können eine Reflexion dazu geben, was sie mit dem Erntedankfest verbinden, welche Gerüche und welche Farben sie wahrnehmen.

Varianten: Die Kinder können auch ein Erntedankfest-Mandala ausmalen.

33

 Herbsttanz: „Tanz der Blätter"

Material: Kastanien, evtl. Naturdüfte, Duftlampe, ätherisches Öl, z. B. Honig, CD-Player, Entspannungs-CD

 **CD: Titel 3**

Ablauf: Nach einem schönen Spaziergang im Herbst bietet sich ein „Tanz der Blätter" an. Zunächst sollten sich Vierergruppen bilden, davon ist ein Tänzer der Baum und die anderen Tänzer sind die Blätter.

Alle halten sich zunächst am Baum fest und ganz allmählich bewegt sich der Baum hin und her, hebt seine Äste (Arme in die Höhe), während die Blätter fliegen, schweben oder tanzen und dabei ganz, ganz langsam auf den Boden gleiten und dort liegen bleiben, bis die Musik zu Ende ist.

(Mehrmals wiederholen, so dass alle Kinder mal der Baum sein können.)

„Duftwiese"-Tipp:

Kinder finden diesen gruppendynamischen Tanz sehr schön!

ca. 10 min

Übung zur Körperwahrnehmung: „Kastanienstraße"

Material: Kastanien, evtl. Naturdüfte, Duftlampe, ätherisches Öl (z. B. Honig), CD-Player, Entspannungs-CD

CD: Titel 3 und 4

Ablauf: Die Kinder bauen aus Kastanien eine kleine Straße. Anschließend balancieren sie mit Strümpfen vor und rückwärts über ihre Kastanienstraße und beschreiben ihre Erfahrungen.

- Was ist jetzt mit meinen Füßen los?
- Wie fühlen sich meine Füße nun an?
- Sind sie warm oder kalt?
- Sind sie weich oder hart?
- Sind sie schwer oder leicht?
- Was ist anders als am Anfang?

„Duftwiese"-Tipp:

Diese einfache Übung kann Kindern helfen, elementare Körpererfahrungen zu machen!

35

Fantasiereise zum Erntedankfest: „Die Maus"

Material: Ruhetuch und Ruhekissen, Duftlampe, ätherisches Öl, z. B. Honig mit einem Mischungsöl, Streichhölzer, Text der Fantasiereise, CD-Player, Entspannungs-CD

CD: Titel 3 und 5-6

Ablauf: Die Kinder bereiten zur bevorstehenden Fantasiereise den Raum vor. Das Ruhetuch wird ausgelegt. Der Raum wird leicht abgedunkelt. Vor die Türe kommt ein Schild mit der Aufschrift: „Bitte nicht stören!" Die Duftlampe wird angemacht und die Entspannungs-CD eingelegt.

Die Kinder setzen oder legen sich auf ihr Ruhetuch. Man stellt eine Uhr auf oder erklärt, wann die Fantasiereise beginnt, wann sie aufhört und dass man währenddessen ganz leise ist. Dadurch kann eine evtl. auftretende Unruhe geschmälert werden. Man sollte Kindern freistellen, ob sie die Augen während der Fantasiereise offen lassen oder schließen. Nach der Fantasiereise sollte immer eine Reflexion folgen.

Varianten:

- Die Kinder bleiben an ihren Tischen und legen ihre Köpfe auf ihr Ruhekissen.

- Die Kinder sitzen im Kreis auf ihren Ruhekissen, z. B. um ihr Erntedankfest-Mandala.

Die Maus

Einleitung: Nehmt nun eure Plätze ein, legt oder setzt euch bequem hin. Ihr seht nun euren Ruheplatz (das Ruhetuch, Ruhe-kissen oder das Erntedankfest-Mandala), das alles habt ihr selbst gestaltet. Ihr seht, fühlt und/oder riecht euren Platz und fühlt euch wohl. Wie still ihr jetzt seid! Es ist einfach wunderbar, wie ihr mir zuhört… *(Die dann folgende Geschichte sollte immer in der Du-Form vorgelesen werden!)*

Entspannungstext: Heute ist ein Fest, das Erntedankfest. Und stell dir vor, dass du zu diesem Fest Früchte, Gemüse, Getreide oder Sonnenblumen mitgebracht hast… vielen Dank…, nun möchtest du dich in Gedanken mal an den Platz begeben, wo die Früchte wachsen, also auf die wunderschönen Obstwiesen…, riechst, fühlst, schmeckst und siehst du die Früchte, siehst du die vielen Farben? Dann gehst du auf die Felder, wo das Gemüse und das Getreide wachsen, … siehst, riechst, fühlst und schmeckst du das Gemüse und das Getreide? Dann siehst du die Wiesen, die mit Sonnenblumen übersät sind, du nimmst den Duft der Blumen und die schöne Farbe Gelb wahr…

Oh, schau mal da, siehst du sie auch? Da ist eine kleine, süße Maus, sie läuft vor dir her, sie läuft über die Blumenfelder, die Getreide- und Gemüsefelder bis hin zu den Obstwiesen, als ob sie dir was zeigen oder sagen möchte, das tut sie jetzt auch: „Hallo, du hast mich schon erkannt…? Ich liebe Erntedankfeste und meine Lieblingsfrucht ist der Apfel. Äpfel esse, rieche und sehe ich so gerne. Deshalb möchte ich dir diesen Apfelkern zeigen…, schau ihn dir genau an! Er ist klein und winzig, aber trotzdem kann dieser Kern Großes vollbringen. Er versteckt sich in der Erde…, dann kommt der Regen…, dann kommt die Sonne…

dann kommt der Wind…, und dann spürt er eine riesengroße Kraft in sich, die er von Gott bekommt. Aus seiner kleinen Schale bricht ein Keim, der bekommt Wurzeln, dann bricht er aus der Erde heraus, und wächst und wächst und wächst.

Ein Wunder ist geschehen, nach langer Zeit ist ein neuer Apfelbaum entstanden, mit vielen Äpfeln und vielen Apfelkernen.

Die Menschen, besonders die Kinder freuen sich, viele Tiere freuen sich und ich, die Maus, freue mich auch. Deshalb möchten wir heute Gott danken, dass er alles so gut gemacht hat. Oft übersieht man so kleine Dinge wie diesen Apfelkern.

Und ich als kleine Maus, freue mich, dass ich Dir über so was Großes berichten durfte. So, nun muss ich aber los, ich muss Wintervorräte sammeln. Tschüss, bis nächstes Jahr zum Erntedankfest."

Abschluss: So langsam verabschieden wir uns von der Maus und von den Erlebnissen und kommen wieder in unseren Gruppen- oder Klassenraum zurück. Ich zähle jetzt bis sieben, dann machen alle eine Faust, zuerst mit der rechten Hand, dann mit der linken. Nun recken und strecken wir uns gemeinsam.

Dann sind wir wieder im Hier und Jetzt.

ca. 20 min

 Ausräucherung der „bösen Geister"

Material: Räucherkohle, Räucherwerk, z. B. getrocknete Lavendelrispen, Rosenblütenblätter, jeweils 1 Teelöffel, ganz wenig Thymian (am Anfang ist weniger mehr), eine feuerfeste Schale, z. B. eine feuerfeste Tonschale, Sand oder Kieselsteine, Streichhölzer, für jedes Kind ein Tuch, CD-Player, Entspannungs-CD

CD: Titel 2 und 8

Interessantes übers Räuchern:
Das Räuchern wird überall auf der Welt seit Jahrtausenden praktiziert. Es ist ein Brauch, der viele eindrucksvolle Elemente enthält. Besonders Kinder verfolgen das Zeremoniell mit Spannung und Begeisterung. Beim Räuchern verglüht ein bestimmtes Räucherwerk auf glühenden Kohlen, dadurch werden Duft und Wirkstoffe freigesetzt.

Von der katholischen Kirche kennt man die Räucherung mit dem Rauchfass an der Kette, es enthält ein bekanntes Räucherwerk, Weihrauch und Myrrhe.

Es gibt verschiedene Möglichkeiten das Räucherwerk zu verbrennen. Am einfachsten verbrennt man das Räucherwerk im Freien über einem Feuer. Allerdings verflüchtigt sich dann der Duft sehr schnell. Eine klassische Methode des Räucherns kann drinnen und draußen auf heißer Kohle stattfinden. In einer feuerfesten, mit Sand oder Kieselsteinen ausgelegten Schale zündet man Räucherkohle an, lässt sie durchglühen und legt danach das

Räucherwerk dazu. Das Räucherwerk besteht meist aus einer Mischung aromatischer Harze und verschiedener Kräuter. Es gibt aber auch fertige Räucherstäbchen aus Kohle, die mit verschiedenen Duftstoffen versehen sind. Ein weiteres Beispiel zum Räucherwerk finden Sie auch auf Seite 52.

Räucherungen passen gut zur Halloween-Zeit. Man kann folgende Übung einsetzen:

Zunächst erklärt man den Kindern, was dieser Brauch bedeutet. Dann bereitet man die nachfolgende Übung der Ausräucherung vor.

Räucherungen sind immer ein besonderes Ereignis und gehörten früher zum Brauchtum. Das Räuchern als einfachste Duftanwendung eignet sich mit Kindern immer, um Situationen ernsthaft und feierlich zu betonen.

Ablauf: Zunächst wird gemeinsam die Räucherung vorbereitet. In eine Mitte stellt man eine feuerfeste Schale und legt sie mit Sand oder Kieselsteinen aus. Nun zündet man die Räucherkohle an, lässt sie durchglühen und legt danach das Räucherwerk, getrocknete Rosenblütenblätter, Lavendelrispen und etwas Thymian gemischt, etwa 1 Teelöffel voll, auf die Räucherkohle.

Die Kinder sitzen im Kreis um die Räucherstelle herum und betrachten den aufsteigenden Rauch. Jedes Kind hat ein Tuch in den Händen, entweder ein Seidentuch oder ein Jongliertuch, wenn beides nicht vorhanden reicht auch ein Tempotuch, und alle schwenken es auf und ab.

Dabei darf jedes Kind der Reihe nach seine Rauchbotschaft erzählen. Die Botschaften richten sich an die „bösen Geister", die damit vertrieben werden oder durch gute Feen ersetzt werden.

„Duftwiese"-Tipp 1

Nach jeder Räucherung den Raum kräftig lüften! Besser ist es, die Räucherung im Freien durchzuführen.

„Duftwiese"-Tipp 2

Mittlerweile gibt es auch Räucherkohle mit Duft. Aber Vorsicht: Achten Sie auf Qualität.

„Duftwiese"-Tipp 3

Auf die brennende Kohle werden verschiedene Kräuter gelegt und die Kinder versuchen herauszufinden, nach welchem Kraut es duftet.

Die Düfte können auch in Farben und Klängen beschrieben werden.

Der Winter und seine Feiertage

Der Winter ist die kälteste und dunkelste der vier Jahreszeiten. Das helle Licht der Sonne zeigt sich weitaus weniger als im Sommer und wir müssen viel Zeit bei künstlicher Beleuchtung zubringen.

Aber gerade der Winter hat so viele Festtage (Laternenfest, Advent, Nikolaus, Weihnachten, usw.), die ihn erhellen, und mehr Stimmungen, die ihn erwärmen, als die anderen drei Jahreszeiten zusammen. Und zwischen den Feiertagen erhellen die nachfolgenden duftenden Farbspiele oder die Meditationen unseren Körper, Geist und Seele.

Laternenfest

Für viele Kinder ist der Martinstag, also der 11. November, Auftakt zum Advent. Es werden Laternen gebastelt, und die Kinder ziehen damit am Abend singend durch die Straßen.

Ob Laternenumzug, Martinsgans oder Martinsfeuer, um diesen 11. November ranken sich viele Bräuche. Die Kinder bekommen diese Bräuche vermittelt. Sie werden bereits im Vorfeld durch das Kennenlernen der Geschichte, bzw. durch das Basteln der Laterne für dieses Fest vorbereitet. Auch hier ist der Bezug zu den Farben und Düften da durch die vielen bunten Laternen, den Kerzenduft und den Rauch des Feuers.

Advent

Gerade die Adventszeit ist eine besondere Zeit des Jahres. Es ist eine Zeit der Einkehr, der Stille, der Vorfreude, der Liebe, der Erwartung und der Hoffnung. Vertraute Bräuche mit ihren besonderen Farben und weihnachtlichen Düften, die in uns Erinnerungen wecken, brauchen einen festen Rahmen, damit wir alles bewusst wahrnehmen und erleben können.

Mit besonderen Düften, Farben, Lichtern und weihnachtlichen Zeremonien sollten wir einen Gegenpol zur vorweihnachtlichen Hektik schaffen.

Nikolaus

Den Nikolaus Tag feiert man am 6. Dezember. Der heilige Nikolaus war im 11. Jahrhundert Bischof von Myra. Man rühmte seine Freigiebigkeit und Mildtätigkeit. Er galt früher und auch heute noch als Freund der Kinder. Denn in der Nacht vom 5. auf den 6. Dezember putzen die Kinder ihre Schuhe und stellen sie vor die Türe.

Am nächsten Morgen dann, also am Nikolaustag, sind die Schuhe voll mit Schokolade, Früchten und Nüssen.

Das Winterbild: „Leuchtende Adventszeit"

Material: pro Kind ein Teelicht in einem Glas, Tannenzweige, Duftlampe, ätherisches Öl (Fichtennadel oder Weißtanne), evtl. eine große Schale mit verschiedenen Materialien, CD-Player, Entspannungs-CD

CD: Titel 8

Ablauf: Zu Beginn der Adventszeit legt man gemeinsam mit den Kindern eine begehbare Spirale aus kleinen Tannenzweigen aus. Am Ende des Spiralwegs (Mitte) könnte zum Beispiel eine kleine Krippe stehen oder eine Schale mit verschiedenen Materialien oder eine Duftlampe. Jedes Kind bekommt nun ein angezündetes Teelicht, geht diesen gemeinsam erstellten Weg und stellt sein Teelicht beliebig ab.

Eine entsprechende, leise Musik unterstützt die wunderbare Stimmung. Im Anschluss kann man sich um die Spirale setzen und die Stimmung genießen, einer schönen Geschichte lauschen oder ein Winter-Mandala ausmalen. Toll ist es, wenn die Spirale die ganze Adventszeit zu nutzen ist.

Tipp: Achtung: Bitte langhaarigen Kindern die Haare zusammenbinden!

Winter-Mandala

Material: Pro Kind eine Kopie der Winter-Mandala-Vorlage (siehe Seite 93) und ein Teelicht im Glas, verschiedene Stifte, Duftlampe, ätherisches Öl (z. B. Fichtennadel oder Weißtanne), CD-Player, Entspannungs-CD

CD: Titel 4 und 5

Ablauf: Nachdem man den Raum mit den Kindern stimmungsvoll hergerichtet hat (Kerzen und Duftlampe angezündet, Stifte ausgeteilt, Musik angestellt usw.), werden die Mandala-Kopien ausgeteilt.

Durch die Untermalung der leisen Musik, durch das Licht der angezündeten Kerzen und den herrlichen Duft der Tanne unterstützt man die konzentrierte und ruhige Arbeitsweise.

 Wintertanz:
„Lichtertanz"

ca. 10 min

Material: pro Kind ein Teelicht in einem Glas, Duftlampe, ätherisches Öl (Rose) oder ein paar Rosenblätter, CD-Player, Entspannungs-CD

CD: Titel 2 und 4 | Lied: Titel 9

Ablauf: Zunächst sollte der Text des Lichtertanzes gelernt werden. Der Raum muss genügend groß sein, um im Kreis zu tanzen. In der Mitte des Kreises brennen bereits für jedes Kind ein Teelicht im Glas sowie eine Duftlampe. Achtung! Den langhaarigen Kindern bitte die Haare zusammenbinden!

Jedes Kind nimmt sich nun ein Teelicht und stellt sich ganz leise mit etwas Abstand zum nächsten Kind im Kreis auf. Die Kinder werden nun gleichmäßig und nacheinander verteilt in zwei Gruppen aufgeteilt (A und B Gruppe). Zunächst gehen alle langsam einmal im Kreis herum. Dann drehen sich alle ganz vorsichtig mit ihrer Kerze auf der Stelle.

Nun setzt die Musik ein und die Gruppe A geht mit ihrer Kerze langsam zur Mitte und singt den Text der ersten Strophe: „Das Licht leuchtet für alle, ob Groß oder Klein, und alle soll'n es sehen, damit verbunden sein." Die Gruppe A geht langsam wieder zurück. Nun kommt die Gruppe B langsam zur Mitte und singt den Text der zweiten Strophe: „Das Licht leuchtet für alle, ob Groß oder Klein, für niemanden da draußen, da soll es dunkel sein."

Die Gruppe B geht langsam wieder zurück. Dann kommt wieder die Gruppe A langsam zur Mitte und singt den Text der dritten Strophe: „Das Licht leuchtet für alle, ob Groß oder Klein, wir leuchten auf dem Wege mit unserm Kerzenschein." Die Gruppe A geht langsam wieder zurück. Nun kommt noch einmal die Gruppe B nach vorne und singt den Text der vierten Strophe: „Das Licht leuchtet für alle, ob Groß oder Klein, wir bringen es zu jedem, um alle zu erfreun."

Zum Abschluss stellen alle Kinder die Kerzen vor sich auf den Boden und genießen den Ausklang.

Das Licht leuchtet für alle

CD: Titel 9

© KONTAKTE Musikverlag, 59557 Lippstadt

ca. 10 min

 # Fantasiereise: „Die Lichtwolke"

Material: Ruhetuch und Ruhekissen, Duftlampe, ätherisches Öl (z. B. Litsea mit einem Mischungsöl), Text der Fantasiereise, CD-Player, Entspannungs-CD

CD: Titel 1 und 6

Ablauf: Die Kinder bereiten zur bevorstehenden Fantasiereise den Raum vor. Das Ruhetuch wird ausgelegt. Der Raum wird leicht abgedunkelt. Vor die Türe kommt ein Schild mit der Aufschrift: „Bitte nicht stören!" Die Duftlampe wird angemacht und die Entspannungs-CD eingelegt. Die Kinder setzen oder legen sich auf ihr Ruhetuch. Man stellt eine Uhr auf oder erklärt, wann die Fantasiereise beginnt, wann sie aufhört und dass man währenddessen ganz leise ist. Dadurch kann eine evtl. auftretende Unruhe geschmälert werden. Man sollte Kindern freistellen, ob sie die Augen während der Fantasiereise offen lassen oder schließen. Nach der Fantasiereise sollte immer eine Reflexion folgen.

Varianten: Die Kinder bleiben an ihren Tischen und legen ihre Köpfe auf ihr Ruhekissen.

Die Lichtwolke

Einleitung: Nehmt nun eure Plätze ein, legt oder setzt euch bequem hin. Ihr seht nun euren Ruheplatz (entweder das Ruhetuch, Ruhekissen oder das Winter-Mandala), das alles habt ihr selbst gestaltet.
Ihr seht, fühlt und/oder riecht euren Platz und fühlt euch wohl. Wie still ihr jetzt seid! Es ist einfach wunderbar, wie ihr mir zuhört… *(Die*

dann folgende Geschichte sollte immer in der Du-Form vorgelesen werden!)

Entspannungstext: Du liegst auf deinem Ruheplatz und wirst nun immer ruhiger… Es ist ein angenehmes Gefühl… Deine Augen sind geschlossen… Und in diesem herrlichen Ruhezustand lässt du dich einfach treiben… Du schaust zum Himmel… siehst wie die Wolken vorbeiziehen… Auf einmal siehst du eine kleine Wolke, die sich ganz stark von den anderen unterscheidet… Sie ist ganz hell, fast so wie das Sonnenlicht… Diese kleine Wolke kommt ganz langsam auf dich zu und landet genau neben dir…   Es wird dir ganz warm… „Komm, steig ein", sagt die Wolke. Sie umgibt dich ganz. „Du kannst dich ganz sicher fühlen bei mir. Komm, steig ein! Ich möchte mit dir fliegen", sagt die Wolke zu dir. Und schon schwebt die Wolke immer höher und höher… Sie treibt mal nach links und mal nach rechts… Du siehst die schöne, bunte Erde unter dir… Die grünen Wälder und Felder, die Berge, die teilweise schneebedeckt sind… Du siehst das Blau der Meere und Flüsse und Seen…Du fühlst dich ganz sicher… Alles ist ganz friedlich… und du genießt es… Nach einer Weile, bittest du die Wolke dich wieder zum Boden zurückzubringen… „Gern", sagt die Wolke. Sie erfüllt dir deinen Wunsch und bringt dich ganz sanft zum Boden zurück… „Danke, dass du mitgeflogen bist! Bis bald!"

Abschluss: Du siehst nun wieder deinen Ruheplatz, spürst deinen Körper… und deinen Atem… Noch einmal erinnerst du dich an das Gefühl zu schweben… Ich zähle nun bis sieben, dann machen alle eine Faust, zuerst mit der rechten Hand, dann mit der linken. Nun recken und strecken wir uns gemeinsam. Dann sind wir wieder im Hier und Jetzt.

Reflexion: Jedes Kind berichtet über sein Erlebnis.

 ## Sonnenbad im Winter

30 - 45 min

Material: pro Kind ein Teelicht in einem Glas, Streichhölzer, großer Teller für alle Teelichter, evtl. viele Tücher in gelb, orange oder rot, eine Rolle Tapete zum Malen, Fingermalfarben oder Wassermalfarben in gelb, orange oder rot, mit verschiedenen Pinseln, Ruhekissen zum Sitzen, evtl. CD-Player, Entspannungs-CD

CD: Titel 4-8

Ablauf: Man bereitet mit den Kindern den Raum vor (siehe Fantasiereise zum Erntedankfest „Die Maus", Seite 36). In die Mitte kommt der große Teller für die Teelichter. Mit genügend Abstand zum Teller legt man die Tücher im Kreis um den Kerzenteller. Die Kinder nehmen ihre Ruhekissen und setzen sich darum.

Nun bekommt jeder ein angezündetes Teelicht im Glas. Zunächst betrachten die Kinder das Licht der Kerze, vielleicht erkennen sie auch Farben in dem Lichtschein. Durch das Betrachten und Zentrieren auf eine Aufgabe entsteht automatisch ein Stilleerlebnis.

Damit die Kinder eine Verbindung zur Sonne herstellen können, lassen wir sie vorsichtig die Hände über das Teelicht halten, um die Wärme zu spüren. Nachdem jeder eine Verbindung zur Sonne hergestellt hat, erzählt man den Kindern den folgenden Text:

„Unsere Sonne erhellt unsere Erde, jeden Morgen aufs Neue. Das tut uns allen gut. Sie gibt uns allen ein wärmendes, strahlendes und glückliches Gefühl. Jeder freut sich daran, die Menschen,

die Tiere und die Pflanzen. Jetzt im Winter, wo die Sonne und die Helligkeit weniger sind, wollen wir uns mit dem Licht vor uns auf die Sonne besinnen. Stellt nun eure Lichter vor euch und wir reichen uns alle die Hände und spüren die Wärme und geben sie weiter. Dadurch spüren wir, dass wir nur ein kleiner Teil auf unserer Erde sind, aber dass wir alle zusammen gehören."

Jedes Kind stellt nun ganz vorsichtig, seine Kerze in die Mitte auf den großen Teller. Nun haben alle die Gelegenheit die Farben der Sonne zu malen. Man rollt quer durch den Raum eine Rolle Papier aus, stellt Fingermalfarben zur Verfügung und es kann losgehen.

Mit diesem gemeinsamen Werk haben bestimmt alle den Winter über Freude und erinnern sich auch an trüben, dunklen Tagen immer an die Sonne.

„Duftwiese"-Tipp: Fingermalfarben selbstgemacht

Fingermalfarben selbstgemacht: Lebensmittelfarbe mit ca. 100 ml Wasser mischen, dann 4 leicht gehäufte Esslöffel Mehl hinzugeben. Alles kräftig verrühren bis eine klumpenfreie Mischung entstanden ist. Farbe in ein Marmeladenglas füllen und gut verschließen. Die Farbe hält sich 2 Wochen im Kühlschrank.

 # Räucherung mit Leuchtsignalen

Material: Räucherkohlen oder Holz, Streichhölzer, frische harzige Tannenzweige, 1 Teelöffel Sandelholzpulver, evtl. Laternen, Taschenlampen, Goldfolie, Transparentpapier, Geschichte von St. Martin

Ablauf: Im Vorfeld zum St. Martins-Tag werden für verschiedene Taschenlampen Schablonen aus Goldpapier oder Transparentpapier hergestellt. Die Schablonen sind idealerweise etwas größer als das Glas der Taschenlampe. Als Schablonenformen bieten sich Motive an, die zur St. Martin Geschichte passen (Sterne, Mond, Mantel, Reiter etc.). Die Schablonen werden auf die Taschenlampe aufgeklebt. Auf einer verschieden farbigen Transparentpapierschablone kann man aus schwarzem Tonpapier kleine Punkte oder Gesichter kleben. Diese werden wiederum auf die Taschenlampe geklebt, dann hat man tolle Effekte.

Nach dem Laternenlaufen trifft man sich im Freien um ein Feuer herum. Die Laternen geben zusätzliches Licht. Nachdem das Feuer aus ist, kann die Räucherung mit harzigen Tannenzweigen und ein wenig Sandelholzpulver beginnen. Eine Räucherung mit Sandelholzpulver wirkt sehr beruhigend. Man legt das Räuchermaterial in die Glut und lässt es so richtig schön qualmen. Die St. Martin-Geschichte wird vorgelesen. Die Kinder begleiten die Geschichte mit den Leuchtsignalen Ihrer Taschenlampen.

„Duftwiese"-Tipp

Diese Räucherung kann auch mit einer feuerfesten Schale in Innenräumen stattfinden.

 Der duftende Adventskalender

Material: Heller Baumwollstoff, Stoffmalfarben, getrocknete Gewürze, getrocknete Lavendel- oder Rosenblüten, getrocknete Früchte, Nadel und Faden, farbige Kordeln oder Geschenkbänder, Goldstift

Ablauf: Ein Stück heller Baumwollstoff (15 x 15 cm) wird nach Belieben mit Stoffmalfarben angemalt. Nun wird der Stoff gefaltet und eine kurze und eine lange Seite zugenäht. Eine kurze Seite bleibt zum Befüllen offen. Das Säckchen wird nach dem Nähen umgestülpt, bis zur Hälfte mit dem duftenden Material gefüllt und mit einer goldenen Nummer (1 - 24) versehen.

Mit einer Kordel oder einem Geschenkband wird das Duftsäckchen verschlossen. An einem Seil oder an einer Tannenzweiggirlande werden die duftenden, bunten Säckchen befestigt.

Fertig ist der duftende Adventskalender!

ca. 60 min

„Duftwiese"-Tipp

Getrocknete Früchte kann man ganz einfach selber machen. Orangen, Limetten oder Äpfel im Ofen bei 150 - 200 Grad trocknen und abkühlen lassen. Möchte man den Reifeffekt haben, sprüht man gewisse Stellen der Früchte mit Kleber ein und streut etwas Zucker darüber – fertig! Und das Ganze duftet dann richtig nach Weihachten!

ca. 10 min

Orangenmassage

Material: Orangen, Duftlampe, ätherisches Öl, Streichhölzer, Ruhedecke, Ruhekissen, CD-Player, Entspannungs-CD

CD: Titel 1 und 7

Ablauf: Die Kinder breiten das Ruhetuch aus, jedes Kind nimmt seinen Platz auf dem Ruhekissen ein. Die Duftlampe wird angemacht, leise hört man die Entspannungsmusik und mit gedämpftem Licht und Orangenduft zaubert man eine angenehme Atmosphäre.

Alle Kinder erhalten eine Orange und nehmen auf dem Ruhetuch Platz. Jedes Kind rollt mit der eigenen Orange über Oberschenkel, dann über den Arm bis zur Schulter und zum nächsten Arm bis zur Schulter und wieder zum Oberschenkel. Wird das als angenehm empfunden, kann man sich gegenseitig massieren. Zum Abschluss werden die Orangen gemeinsam gegessen.

„Duftwiese"-Tipp 1

Aus den Orangenschalen kann man mit der Schere weihnachtliche Motive ausschneiden. Im Backofen werden sie kurz getrocknet – eine schöne Erinnerung an den Nikolaus und die wohltuende und duftige Massage.

„Duftwiese"-Tipp 2: Fruchtig duftender Kinderpunsch

Zutaten: 1 Liter Früchtetee, 1 Liter Apfelsaf Saft einer Zitrone, 3 Teelöffel flüssigen Hon Zubereitung: Den Früchtetee aufbrühen und Minuten ziehen lassen. Apfelsaft, Zitronens und Honig dazugeben und kräftig umrühren Nun das Ganze noch einmal so lange erhitz bis sich der Honig völlig aufgelöst hat. Ferti

Frühling

Der Frühling und seine Feiertage

Frühling bedeutet Erneuerung. Die Welt blüht wieder auf. Wir erleben ein aktives Lebensgefühl. Der kalte, frostige Boden erwärmt sich wieder. Die frühe Dunkelheit ist nun vorbei, denn die Tage werden länger.

Man erfreut sich an der Natur, die intensiver, farbenfroher und duftiger wahrgenommen wird.

Ostern

Ostern ist das bedeutendste Fest der Christen. Für Kinder ist dieses Fest mit vielen Bräuchen verbunden. Sie färben Ostereier, suchen Osternester, machen Eierlaufen, freuen sich über das Osterfeuer und waschen sich mit dem Osterwasser.

 Das Frühlingsbild: „Die Erdschale"

10 - 20 min

Material: selbst gepflückte Blumen, Blätter, Moos, Zweige, lockere Walderde, große flache Schale, CD-Player, Entspannungs-CD

CD: Titel 4-7

Ablauf: Bei einem gemeinsamen Frühlingsspaziergang pflücken die Kinder Blumen, sammeln Moos, lockere Walderde, Blätter und Zweige. Die mitgebrachten Naturmaterialien legt man in eine flache Schale und stellt sie in die Mitte. Nun darf jeder an dem Inhalt der Schale riechen, fühlen, hören ggf. auch schmecken.

- Was riechst du?

- Kommt dir der Duft bekannt vor?

- Erkennst du diese Blume?

- Weißt du, wie sie heißt?

- Wie fühlt es sich an?

- Welche Farbe hat es?

- Ist es glatt oder rau, rund oder eckig?

- Hörst du vielleicht etwas?

- Was stellst du sonst noch fest?

ca. 10 min

Übung zur Körperwahrnehmung: „Sich spüren"

Material: Ruhetuch, Ruhekissen, Duftlampe, ätherisches Öl (z. B. Litsea), CD-Player, Entspannungs-CD

CD: Titel 1 und 4

Ablauf: Die Kinder liegen auf ihrem Ruhetuch, wenn möglich auf dem Rücken und zwar sternförmig, so dass sich die Füße beinahe in der Mitte berühren. Die Arme liegen neben dem Körper.

Die Kinder bekommen nun folgende Anweisungen: „Beobachtet nun mal, wie ihr so daliegt! Spürt ihr euren Rücken? Liegt der Rücken überall gleich auf dem Boden?… Wie ist es mit den Füßen? Spürt ihr eure Füße mit den einzelnen Zehen?… Und wie ist es mit dem Kopf?… Spürt ihr euren Kopf auf dem Boden aufliegen?… Wie ist es mit den Armen?… Spürt ihr eure Arme auf dem Boden aufliegen?… Und wie ist es mit den Händen?… Spürt ihr eure Hände auf dem Boden aufliegen? …

So dann atmet einmal ganz intensiv ein und aus… dann macht eure Hände zu Fäusten… streckt und reckt euch und steht langsam wieder auf!"

Reflexion: Jedes Kind berichtet über seine Körpererfahrung.

Frühlingstanz:
„Hurra, hurra, der Frühling ist da!"

Material: frische Blumen, z. B. Veilchen, Geranien, Rosen, ätherische Öle (z. B. Geranie, Lavendel, Rose mischen), Duftlampe, CD-Player, Entspannungs-CD

CD: Titel 2 | Lied: Titel 10

Ablauf: Zunächst sollte der Text des Frühlingstanzes gelernt werden. Der Raum muss genügend groß sein, um im Kreis zu tanzen. Die Kinder bekommen nun verschiedene Rollen zugewiesen. Es gibt eine Blumengruppe, eine Vogelgruppe und eine Sonnenstrahlengruppe, die allerdings nicht als Gruppe zusammenstehen sollten.

Der Refrain wird immer 2x durchgesungen, dabei gehen die Kinder langsam im Kreis. Bei der ersten Strophe geht die Blumengruppe langsam aus dem Kreis in die Mitte, hockt sich hin, wird langsam größer und bleibt so stehen. Bei der zweiten Strophe geht die Vogelgruppe langsam in die Mitte, flattert um die Blumen herum und bleibt so stehen. Während der dritten Strophe geht die Sonnenstrahlengruppe langsam in die Mitte, hebt die Arme ganz hoch und stellt sich hinter die Vögel.

Während der vierten Strophe spielen alle Gruppen weiter ihre Rollen. Beim letzten Refrain kann dazu in die Hände geklatscht werden.

Hurra, hurra, der Frühling, der ist da!

CD: Titel 10

Refrain

F   C7   F   C7

Hur - ra,   hur-ra   der   Früh-ling, der ist da!   Hur -

Bb   F   Gm7   C7   F

ra,   hur - ra,   der   Früh - ling, der ist da!

Strophe

F   C7   F

1. Die Blu - men, die sind zart und fein,   bald
2. Die Vö - gel keh - ren auch zu - rück   und
3. Die Son - nen - strah - len wär - men uns   und
4. Der Früh - ling kommt mit sei - nem Duft   sehr

F   C7   F

1. wer - den sie viel grö - ßer sein,   bald
2. zwit - schern so vor lau - ter Glück   und
3. das tut al - len gut zur Stund.   Und
4. süß riecht's jetzt in uns - rer Luft,   sehr

F   Bb   Gm7   C7

1. wer - den sie viel grö - ßer sein!
2. zwit - schern so vor lau - ter Glück!
3. das tut al - len gut zur Stund!
4. süß riecht's jetzt in uns - rer Luft!

Text: Gerda Arldt • Musik: Reinhard Horn
© KONTAKTE Musikverlag, 59557 Lippstadt

ca. 15 min

Fantasiereise: „Frühlingserwachen"

Material: Zerstäuber (leeres Parfumflakon oder Sprayer zum einsprühen der Bügelwäsche) ätherisches Öl, z. B. Litsea, farbige Tücher (rot, gelb, blau), Frühlingsblumen oder Zweige mit Knospen, bunte Ruhedecke oder Ruhekissen, Text der Fantasiereise „Frühlingserwachen", CD-Player, Entspannungs-CD

CD: Titel 1 und 8

Ablauf: Man bereitet mit den Kindern den gewohnten Ablauf vor: Schild „Bitte nicht stören!" aufhängen, Vorhänge schließen, Ruhedecke auslegen, bzw. Ruhekissen holen, sichtbar für alle Frühlingsblumen oder Zweige mit den farbigen Tüchern dekorieren, Uhr aufstellen, Zeitrahmen festsetzen, kurze Inhaltsangabe geben, Verhaltensregeln geben. Zunächst füllt man in einen Zerstäuber Wasser und gibt 2 - 3 Tropfen ätherisches Öl dazu. Dann sprüht man 3 - 4x kräftig in den Raum. Das hat nicht nur einen optischen Vorteil, sondern auch eine tolle Wirkung im Dufterlebnis. Der Duft wirkt leichter als aus einer Duftlampe und verfliegt auch schneller.

Frühlingserwachen
Heute machen wir eine schöne Reise. Damit du das auch in Gedanken miterlebst, kannst du die Augen schließen, oder auch offen lassen – ganz wie du es willst… Stell´ dir vor, du gehst durch einen Türbogen, der die Farben rot, gelb und blau hat. Hinter diesem Türbogen findest du eine schöne Frühlingslandschaft… Da

gibt es eine große Wiese mit vielen Bäumen, Pflanzen und Tieren, die sich freuen, wenn du kommst, damit du alle kennenlernst… Die Sonnenstrahlen sind heute angenehm warm…, so dass es dir Spaß macht, den kleinen, schmalen Weg über die Wiese zu gehen… Du siehst viele, bunte Blumen in verschiedenen Farben, Größen und Formen… jede Blume duftet anders… es macht dir Spaß alle genau zu betrachten und vor allem, den Duft der Blumen zu riechen… vielleicht siehst du auch kleine, glitzernde Tautropfen im Gras, die in allen Farben des Regenbogens strahlen… Du kannst die Tropfen auch über deine Finger rinnen lassen… Nun spürst du einen sanften Windhauch in deinem Gesicht… langsam gehst du weiter zu den Bäumen und Büschen… die Bäume riechen heute ganz besonders würzig… Du erkennst vielleicht schon winzige Blätter und Knospen… und da hängen schon rosa und gelbe Blüten.

Die Sonne ist heute besonders warm und tut ihr Möglichstes, dass es dir, den Pflanzen, Bäumen und Tieren besonders gut geht… einige Vögel zwitschern gerade besonders laut… sie haben viel zu tun, sie bauen Nester… Du schaust ihnen gerne eine Weile zu…

Da – was war das? Ein Geräusch… es kommt vom Baum… Du schaust hinauf auf den Baum und siehst ein Eichhörnchen mit seinem buschigen Schwanz, es sieht so aus, als lacht es dich an… es hüpft ganz schnell und ganz keck vor dir her, so als ob es dir sagen will, komm mit, ich will dir etwas zeigen… Du folgst ihm… und siehe da: Immer wieder dreht sich das Eichhörnchen um und hält an, um zu schauen, ob du ihm folgst…

Du bist nun ganz neugierig! Wohin mag dich das Eichhörnchen wohl führen? Nun siehst du, wie das Eichhörnchen unmittelbar vor dir ein Loch gräbt, du kannst die feuchte Erde riechen – und da, schließlich kommt eine Nuss zum Vorschein, die das Eichhörnchen wohl im Herbst hier vergraben hat! Mit seinen Nagezähnen öffnet es die Nuss und knuspert sie auf… Aber wo ist das Eichhörnchen jetzt? Da sitzt es auf dem höchsten Baum, es wedelt mit seinem buschigen Schwanz, es sieht so aus, als würde es dir zum Abschied winken…

Und wieder hörst du ein Geräusch… es hört sich an wie das Plätschern eines Sees. Tatsächlich, vor dir liegt ein kleiner See… und da schwimmen einige Enten. Du bist ganz leise, damit sie sich nicht erschrecken… und da am Rand des Ufers sitzt ja jemand… vielleicht ist es ein Freund oder eine Freundin? Oder jemand aus deiner Familie… Du freust dich sehr und rufst und winkst… Nun kannst du ihm deine Erlebnisse erzählen und du kannst mit ihm spielen…

Das Licht verändert sich allmählich… Die Sonne scheint nicht mehr so intensiv und es ist an der Zeit, nach Hause zu gehen…Du verabschiedest dich von allen, die du getroffen hast…

Du findest den Weg ganz schnell und sicher zurück… und du weißt, in deiner Fantasie kannst du jederzeit wieder auf die schöne Wiese zurückkommen…

Schnell gehst du durch den Türbogen und im Nu bist du wieder mit allen anderen hier im Raum angekommen… Du zählst in Gedanken bis sieben… machst eine Faust mit der rechten und mit der linken Hand… reckst und streckst dich und bist wieder im Hier und Jetzt.

Ostereier-Mandala

Material: Flache Plastikschalen z. B. Schalen von Quarkspeisen etc., Watte, Kressesamen, Pappe, Eier, Eierbecher, Filzstifte, Kopiervorlage (siehe Seite 94)

Ablauf: Jedes Kind bekommt eine Plastikschale, legt unten eine Schicht Watte ein und streut Kressesamen darauf. Die Watte wird dann angefeuchtet. Die Schale wird am besten zunächst ans Fenster gestellt. Zweimal täglich sollte man die Watte mit Wasser leicht besprühen, um nach ca. 5 Tagen eine schöne grüne Kressewiese zu haben. Wenn man möchte, kann man um die Schale eine Pappverkleidung machen.

Nun kommen die Eierköpfe. Die Kinder schlagen ein Ei oben vorsichtig auf und lassen die Flüssigkeit in eine Schüssel laufen. Dann wird die Eierschale vorsichtig mit Spülmittel gesäubert. Nun wird wiederum ein Stück Watte in das Ei gelegt und Kressesamen drauf gestreut. Mit Filzstiften malt nun jedes Kind ein Gesicht auf das Ei. Dann gießt man den Kressesamen vorsichtig und stellt das Ei ans Licht. Auch das Ei muss zweimal täglich mit Wasser besprüht werden und nach 5 Tagen hat das Ei eine grüne „Mähne". Wenn die Wiese und die Ostereierköpfe so richtig grün sind, ordnet man sie zu einem Mandala kreisförmig an. Die duftende und bunte Osterdekoration und Stimmung sind damit perfekt.

„Duftwiese"-Tipp: Köstliche Schokoladeneier

Ei vorsichtig aufschlagen (Loch klein halten), Flüssigkeit entfernen, Eierschale ausspülen und trocknen. Nach Fantasie und Geschmack bunt anmalen. Schokoladenkuvertüre erwärmen und davon ein wenig in das Ei füllen, dabei das Ei leicht drehen. Für den Schoko-Genuss muss das Ei vorsichtig gepellt werden. Guten Appetit!

ca. 30 min

Duftendes Osterwasser

Material: Luftdichte, saubere Gläser (Marmeladengläser etc.) grobkörniges Badesalz, Lebensmittelfarbe, ätherisches Öl (Rose oder Geranie) evtl. Rosenblätter, je 4 - 5 Kinder eine Waschschüssel, pro Waschschüssel 4 - 5 Liter Wasser, Handtücher, evtl. Text zur einleitenden Fantasiereise, CD-Player, Entspannungs-CD

CD: Titel 2 und 4-7

Ablauf: Dem Osterwasser wurden im Lauf der Geschichte viele wundersame Wirkungen nachgesagt.

So holen sich zum Beispiel besonders in Norddeutschland die Leute Wasser aus einem Brunnen oder Bach, um sich am Ostermorgen damit zu waschen.

Zunächst stellen wir mit den Kindern ein duftendes Badesalz her. Pro Glas brauchen wir ca. 200 g Badesalz, das die Kinder in eine Schüssel geben. Das Salz wird nun mit 16 Tropfen Lebensmittelfarbe (z. B. rot oder rose) gefärbt, dazu kommen ca. 5 - 10 Tropfen ätherisches Öl (Rose oder Geranie). Das alles wird gut verrührt und in das luftdichte Glas gefüllt. Fertig ist das duftende, farbige Osterwasser-Badesalz. Um diesen schon Jahrhunderte alten Brauch des Osterwassers zu pflegen, lassen wir die Kinder teilhaben, indem wir ihnen nun die Geschichte dazu erzählen. Eine im Hintergrund laufende Entspannungsmusik verstärkt die Ruhe.

Folgender Text wird vorgelesen: „Die Osterwasser-Geschichte"
Das richtige Osterwasser musste in der Nacht vom Ostersamstag zum Ostersonntag in der Zeit nach Mitternacht und vor Sonnenaufgang aus einem Brunnen, einer Quelle oder einem Bach genommen werden. Diesem Wasser wurden schon immer wundersame Kräfte nachgesagt. Mit dem Osterwasser sollte man viele Krankheiten heilen können. Viele Menschen glaubten auch daran, dass sie, wenn sie selbst am Ostermorgen in einem Bachlauf badeten, ewig jung und schön blieben. Auch glaubte man, dass Osterwasser Krankheiten von Haustieren und von Viehherden fernhält.

So zogen diese Bräuche viele Menschen zu allen Zeiten in ihren Bann. Heute werden diese Bräuche, besonders in Norddeutschland noch gepflegt. Man dankt dem Wasser zu Ostern für seine Kraft, indem man Brunnen und Quellen schmückt.

Ablauf: Im Anschluss an diese Geschichte, füllen die Kinder Ihre Schüsseln mit Wasser, dem selbstgemachten Badesalz und den Blüten. Nun waschen sich die Kinder mit dem Wasser. Nach dem Bad danken wir dem Wasser, indem wir ein großes Glas frisches Wasser trinken.

ca. 20 min

Duftende Frühlingsblumen selbstgemacht

Material: Papiertaschentücher oder verschieden farbige Servietten, ätherische Öle (Rose, Geranie etc.), dünner Draht, Zweige oder Kordel zum Aufhängen

Ablauf: Die Kinder bekommen je ein Papiertaschentuch oder eine Serviette, die wird zu einer Blüte zurecht gezupft. Am Ende wird die Blüte mit einem dünnen Draht zusammengehalten.

Nun bekommt jede Blüte einen Duft mit 2 - 3 Tropfen ätherischem Öl. An einem schönen Zweig oder an einer Kordel festgemacht, kommt die Blüte mit ihrem Duft zur Geltung.

Die Einstimmung zum Frühling ist damit sichtbar und riechbar.

Sommer

Der Sommer und seine Feiertage

Die Sonne verwöhnt uns im Sommer mit heißen Temperaturen.
Im Frühsommer beginnt die Blütezeit, jetzt blühen die
Wiesen, viele bunte Sommerblumen und die Insekten haben viel
zu tun. Viele Früchte sind auch schon reif, die Erdbeeren und
auch die Johannisbeeren. Der Hochsommer ist oft die heißeste
Jahreszeit und auch die Ferienzeit. Nun findet das Leben
draußen statt, die Kinder genießen das kühle Nass im Freibad,
am Meer oder am See. Alle mögen die langen, hellen Tage
und die lauen, nach Sommer riechenden Abende. Die Grillabende
und die Feste im Freien lassen unsere Stimmung steigen.

Sommersonnenwende

Seit vielen Tausenden von Jahren wird die Sommersonnenwende
gefeiert. Am 21. Juni ist der längste Tag und die kürzeste
Nacht des Jahres. Die Sonne steht an diesem Tag am höchsten.
Dieser besondere Einschnitt im Jahresverlauf wird seit frühester
Zeit ausgelassen und fröhlich mit schönen Ritualen gefeiert. Früher wurden Kränze aus übriggebliebenen Kräuterresten gefloch-
ten und meist anschließend verbrannt, damit die bevorstehende
Ernte gut ausfallen möge. Bäume wurden oder werden mit bunten Bändern geschmückt, aber fast immer gibt oder gab es
ein großes Feuer. Diese Tradition kommt von den Kelten und Ger-
manen. Aber auch in Asien oder Afrika feiert man diesen Tag.

Das Sommerbild: „Blumen im Wasser"

15 - 20 min

Material: pro Vierergruppe eine Papierblume (siehe Seite 96), eine Briefklammer, verschiedene Stifte, ätherische Öle (z. B. Geranie, Lavendel), Zerstäuber für die ätherischen Öle, Rose, Schüssel mit Wasser oder Planschbecken oder Teich, CD-Player, Entspannungs-CD

CD: Titel 2 und 6-7

Ablauf: Die Kinder bekommen die Papierblumenvorlage. Jedes Kind schneidet zwei Blütenblätter aus und malt sie an. Danch werden alle acht Blüten mit einer Briefklammer befestigt.

Danach füllt man in den Zerstäuber ein wenig Wasser und träufelt jeweils 2 Tropfen ätherisches Öl hinein. Nun können die Kinder ihre Papierblume mit dem herrlichen Duft besprühen.

Als nächstes werden die Blütenblätter nach innen gerollt und die Blumen ins Wasser gelegt. Bei der schönen, entspannenden Musik beobachtet man gemeinsam, wie die Blume sich entfaltet.

ca. 10 min

 Sommer-Mandala

Material: Wiesenblumen, pro Kind eine Kopie des Sommerman-dalas (siehe Seite 95), verschiedene Stifte, ätherische Öle (z. B. Geranie, Lavendel, Rose), Duftlampe, CD-Player, Entspannungs-CD

CD: Titel 2 und 6

Ablauf: Die Kinder legen mit ihren frisch gepflückten Blumen ein Mandala. Anschließend können sie ein Mandala ausmalen. Der intensive Duft der Wiesenblumen, der blumige Duft der Herzno-ten und die entspannende Musik unterstützen die Kinder in ihrer Arbeitsweise.

 ## Sommertanz: „Sonnentanz"

ca. 5 - 7 min

Material: Krepppapierstreifen in verschiedenen Farben, ca. 3cm breit und 1m lang, CD-Player, Entspannungs-CD

 **CD: Titel 4**

Ablauf: Jedes Kind bekommt einen Streifen mit Krepppapier. Die Kinder sollen zunächst mal ausprobieren, wie man mit diesem Streifen tanzen kann. Dann kann man den Kindern einige Möglichkeiten vormachen, z. B. ist es schön, wenn man läuft und dabei den Streifen über dem Kopf hält, oder mit dem Streifen Spiralen dreht, oder im Kreis den Streifen auf und ab schwingt.

Nun erklärt man den Tanz. Ein Kind oder auch mehrere Kinder, die einen gelben Krepppapierstreifen haben, tanzen die Sonne und stehen in der Mitte des Raumes. Alle anderen freuen sich, wenn die Sonne scheint, und tanzen dazu frei und fröhlich mit ihren Streifen. Aber nur, wenn die Sonne aufgegangen ist, d. h. wenn das Sonnenkind oder die Sonnenkinder stehen und die Arme oben haben.

Scheint die Sonne nicht, sitzen alle auf dem Boden.

ca. 15 min

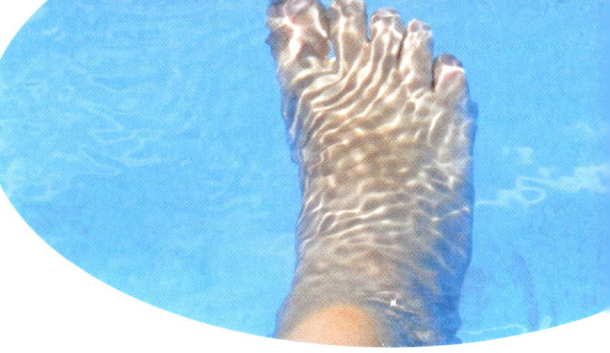

 # Übung zur Körperwahrnehmung: „Barfuß"

Material: pro Kind ein Bambusstäbchen, pro Kind ein dunkles DIN A4 großes Tonpapier, Hand- oder Fettcreme, ätherisches Öl (z. B. Litsea), jeweils für 2 Kinder einen kleinen Teller, Handtücher, CD-Player, Entspannungs-CD

CD: Titel 1 und 8

Ablauf: Die Kinder sitzen barfuß im Kreis. In der Hand halten alle ein Bambusstäbchen. Nun klopft jedes Kind mit diesem Stäbchen vorsichtig, aber spürbar seine Füße ab. Zuerst rechts, dann links. Dann klopfen die Kinder mit den Händen ihre Füße ab, wiederum zunächst rechts, dann links, aber auch die Ferse, den Ballen und die einzelnen Zehen. Nach ein paar Minuten versuchen die Kinder das Bambusstäbchen mit den Füßen hin und her zu rollen. Zu guter Letzt versuchen sie das Bambusstäbchen mit den Füßen aufzuheben.

Nach dieser Übung werden die Füße nun eingecremt. Jeweils 2 Kinder bekommen einen kleinen Teller mit einer Creme, der ätherisches Öl beigemengt wurde. Desweiteren bekommen die Kinder ein dunkles Tonpapier. Die Füße werden nun dick eingecremt und die Kinder stellen sich danach auf das Tonpapier. Fertig ist das Kunstwerk.

Reflexion: Und wie die Kinder dabei die Füße gespürt haben, dürfen sie nun berichten.

10 - 15 min

Fantasiereise: „Der Regenbogen"

Material: Ruhetuch, Ruhekissen, Schild „Bitte nicht stören!", Tücher in den Farben des Regenbogens: rot, orange, gelb, grün, blau, lila, CD-Player, Entspannungs-CD

CD: Titel 5-7

Ablauf: Die Kinder gestalten den Raum entsprechend für die anschließende Fantasiereise. Ruhetuch und Kissen auslegen, Raum abdunkeln, Schild „Bitte nicht stören" aushängen, mit den farbigen Tüchern einen Regenbogen legen.

„Der Regenbogen"
Alle Kinder liegen ganz ruhig, schließen die Augen und sind nun ganz leise… „Hallo", ruft da jemand, „hört mich denn keiner…, haaallooo…, hier bin ich, ich heiße Max… ich möchte dir gerne meine Geschichte erzählen.

Vor kurzem hatte ich Geburtstag und da ich gerne male und zeichne, habe ich ganz tolle Malstifte bekommen… auf fast allen meinen Zeichnungen ist ein Regenbogen zu sehen, weil ein Regenbogen mich fasziniert… immer war es mein größter Wunsch auf den Farben eines Regenbogens zu hüpfen… aber das geht ja wohl nicht… mein Opa sagt immer zu mir: „Sei nicht traurig Max, wenn man einen Wunsch hat und immer wieder daran denkt und sich alles genau vorstellt, dann geht er auch in Erfüllung." Mein Opa, der hat gut reden… und er hat Recht gehabt… ich muss eingeschlafen sein…"

Viele Kinder sind auf einmal da… vielleicht bist du ja mit dabei… an diesem warmen Sonnentag,… wir spazieren am Bach… und plötzlich aus heiterem Himmel gibt es einen Regenguss und es entsteht ein wunderschöner, bunter Regenbogen… „Hallo", rufst du Max zu, „schau dir den Regenbogen an… komm wir steigen darauf…" Du und Max, ihr lauft immer weiter auf den Regenbogen hinauf… an der höchsten Stelle schaust du hinunter… da ist der Kindergarten (die Schule)… und da sind die Häuser… alles ist so klein wie eine Briefmarke… jetzt willst du aber hüpfen… und zwar von einer zur anderen Farbe… von rot zu gelb, von grün zu lila, nun wieder zu rot, von rot zu orange, und von orange zu blau und wieder zurück… das ist eine Riesenfreude…

Aber was passiert jetzt? Die Farben verblassen… denn mit den zunehmenden Sonnenstrahlen verschwindet der Regenbogen allmählich… Du rutscht mit Max noch schnell auf der Farbe Blau zur Erde hinunter… und bist nun wieder da, wo du gestartet bist… schnell verabschiedest du dich von Max und dankst ihm für die tolle Reise… Max wird jetzt wahrscheinlich einen Regenbogen malen… vielleicht hast du auch Lust dazu… Du zählst in Gedanken wieder bis sieben, machst eine Faust mit der rechten und mit der linken Hand, reckst und streckst dich und bist wieder im Hier und Jetzt.

Farbig durftendes Sonnenwendfest

Material: Räucherkohle, Räucherwerk, feuerfeste Schalen, Sand, Kieselsteine, Streichhölzer, bunte Kreppbänder, kleine, dünne Stöcke, Bast, verschiedene Kräuter, evtl. Wiesenblumen, CD-Player, Entspannungs-CD

CD: Titel 1-8 | Lied: Titel 11

Ablauf: Den Sinn des Sonnenwendfestes bekommen die Kinder erklärt. Nun wird mit großer Freude das Fest vorbereitet, in dem man kleine, dünne Stöcke sucht (ca. 10 - 15cm lang) und diese mit Bast zu einem Viereck zusammen bindet. Das ist das Gerüst für einen Kräuterkranz.

Die Kinder gestalten nun viele, kleine Kräutersträußchen und binden sie mit Bast zusammen. Diese kleinen Sträußchen werden mit dem Bast an dem Holzgerüst befestigt. Rund um das Gerüst sind nun kleine Kräutersträußchen oder auch als Variante Blumen eingebunden.

Zur Verschönerung des Kräuterkranzes kann man noch ein buntes Kreppband einwickeln.

Sinnvoll ist es, die Kinder in Zweiergruppen (ein jüngeres und ein älteres Kind) arbeiten zu lassen. Am Sonnenwendtag wählt man mit den Kindern einen Platz im Freien oder aber auch drinnen aus. Man dekoriert den Platz, stellt verschiedene Räucherschalen mit Sand, Räucherkohle und Kieselsteinen im Kreis auf.

Um den Kreis versammeln sich die Kinder mit ihren Kräuterkränzen. Nachdem die Räucherkohle gut durchgeglüht ist, legen die Kinder das Räucherwerk auf. Als Räucherwerk nimmt man die Reste von den Kräutern.

Man hackt die Kräuter ganz klein und streut etwa einen halben Teelöffel ins Räucherwerk. Nun kann evtl. ein Kräutersaft getrunken werden. Danach wünschen sich alle etwas zum neuen Sonnenjahr.

Am Ende des Festes können nun alle Kinder das Lied singen (Lied auf Seite 76) oder ein Gedicht aufsagen. Die Kräuterkränze nehmen die Kinder mit nach Hause.

„Duftwiese"-Tipp: Kräutersaft

In eine Karaffe Apfelsaft steckt man ein Büschel Salbei, ein Büschel Pfefferminze und ein Büschel Zitronenmelisse. Die Kräuter lässt man ca. eine halbe Stunde ziehen, fischt sie wieder heraus und gibt zur Hälfte Mineralwasser mit Kohlensäure und zwei Löffel Zitronensaft hinzu.

CD: Titel 11

Das neue Sonnenjahr fängt an

Strophe

D G A D

1. Die Son - ne ist heut lan - ge da, drum
2. Wir bin - den Kräu - ter - kränze heut, das
3. Die Son - ne ist un-ser bes - ter Freund, wir

D G A D

1. ru - fen al - le laut hur - ra! Wir
2. macht uns al - len sehr viel Freud. Dann
3. sind ganz froh, ja, wenn sie scheint. Und

Em7 A7 D D7

1. ma - chen da - rum heut ein Fest,
2. zün - den wir ein Feu - er an
3. des - halb fan - gen Groß und Klein

G A7 D

1. das uns al - le fröh - lich sein lässt.
2. je - der tanzt so - lang er kann!
3. al - le Son - nen-strah - len ein!

Text: Gerda Arldt • Musik: Reinhard Horn
© KONTAKTE Musikverlag, 59557 Lippstadt

Refrain

Das neu - e Son-nen-jahr fängt an,	drum fei - ern
wir, je-der wie er kann!	Das neu-e Son-nen-jahr fängt
an,	drum fei-ern wir,	je-der wie er	kann!

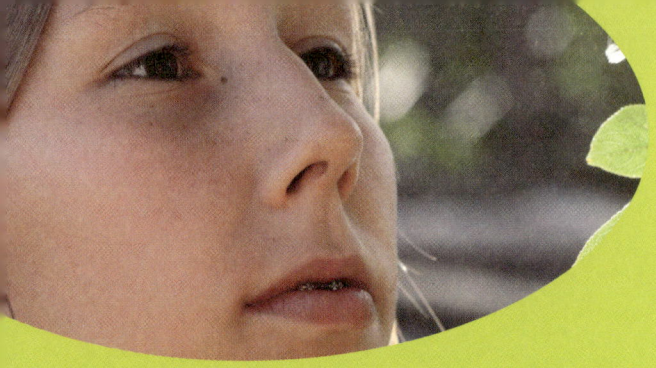

Duftwiese-Ideen

... für Zwischendurch
zum Abschalten und Kraft tanken

An manchen Tagen läuft alles quer, gerade dann
ist man froh, wenn man einige Ideen an der Hand hat,
um Ruhe in das Chaos zu bringen. Bei diesen
Vorschlägen können die Kinder lernen, wie sie mit Farben
und Düften Spannungen abbauen und schlechte
Energie abladen können.

 ## Versteckspiel

Material: Duftkiste, Löschpapier oder Papiertaschentücher, Schal

Ablauf: Die Kinder sitzen im Kreis, in der Mitte stehen die Duftkiste sowie in Streifen geschnittenes Löschpapier oder Papiertaschentücher. Ein Kind sitzt in der Mitte mit verbundenen Augen, während ein anderes ausgewähltes Kind aus der Duftkiste ein paar Tröpfchen Öl auf das Löschpapier träufelt und dann wieder an seinen Platz geht.

Das Kind mit den verbundenen Augen muss mit seiner Nase, dass Kind mit dem Duftstreifen im Kreis finden. Die anderen Kinder helfen ihm mit Zurufen dabei. Ist das Kind gefunden, wird nun gemeinsam der Duft erraten.

Die Kinder versuchen den Duft zu beschreiben, ist er fein, zart, hart, weich. Welche Farbe könnte zu dem Duft passen? Gibt es eine bestimmte Figur, Vorbild, Idol oder Märchenwesen, das zu diesem Duft passt?

ca. 10 min

„Duftwiese"-Tipp

Lassen Sie die Kinder auch mal einen Duft malen. Dabei sollte man keine Vorgaben machen!

79

Der duftende Farbenkreis

Material: Eine Tasche, Tücher in den Farben gelb, grün, blau, rot, Zerstäuber mit Wasser gefüllt, ätherisches Öl, z. B. 2 - 3 Tropfen Litsea oder Orange, CD-Player, Entspannungs-CD

CD: Titel 1 und 5

Ablauf: Aus einer Tasche werden verschieden farbige Tücher gezogen. Diese Tasche könnte vielleicht immer das Signal dafür sein, dass nun eine Aktion beginnt. Man zieht die Tücher aus der Tasche heraus, während die Kinder zuschauen.

Jedes farbige Tuch erinnert an etwas, z. B. das blaue Tuch an das Wasser, das rote Tuch an rote Kirschen, das grüne Tuch an eine Wiese und das gelbe Tuch an eine Sonne, usw.. Wenn die Tücher alle ausgepackt sind, werden sie jeweils an den Enden miteinander verknüpft. Zum Schluss hat man einen Farbenkreis.

Diesen Farbenkreis benutzen die Kinder zum Durchschlüpfen in das Farbenland. Vorab wird mit dem Zerstäuber noch ein inspirierender Duft versprüht. Im Farbenland angekommen, wissen die Kinder genau, was zu tun ist. Sie stellen sich zu zweit im Kreis auf, so dass jeder den Rücken des vor ihm Stehenden berühren kann. Die Kinder begeben sich nun mit ihren Händen auf eine Rückenreise des Vordermannes. Aber ganz vorsichtig! Nun wird eine kurze Geschichte entwickelt.

Die Geschichte enthält die Wörter, die wir den bunten Tüchern zugeordnet haben. Eine leise Entspannungsmusik im Hintergrund verstärkt die Konzentration.

Zum Beispiel:
Heute ist ein schöner Sonnentag, das Gelb der Sonne strahlt warm auf den Rücken.
(Die Hände berühren den Rücken und gehen langsam auf und ab).

Da hinten ist eine grüne Wiese, da wollen wir hin.
(Die Hände hüpfen auf dem Rücken vorsichtig auf und ab)

Endlich sind wir angekommen und vernehmen einen süßen Duft.
(Die Finger tupfen ganz leicht auf dem Rücken auf und ab)

Ah, da hinten ist ein Kirschbaum mit süßen, roten Kirschen. Aber man muss springen, um sie zu pflücken.
(Die Hände drücken sich mit Schwung vom Rücken ab und in die Höhe)

Dabei sind die Hände vom Kirschsaft ganz rot geworden. Aber da steht eine große, blaue Tonne mit Wasser. Nun können wir unsere Hände waschen.
(Die Hände gehen leicht kreisförmig über den Rücken)

Ablauf: Die Kinder tauschen die Rollen. Dann ist es an der Zeit das Farbenland zu verlassen. Die Kinder schlüpfen wieder durch den bunten Farbenkreis und sind wieder im Hier und Jetzt.

„Duftwiese"-Tipp

Diese kurze, angenehme und entspannende Massage kann man kurzfristig, auch mit andersfarbigen Tüchern, schnell und ohne Aufwand einsetzen.

Lieblingsfarben haben Kräfte

Material: Stoffstücke oder Filzstücke mit verschiedenen Farben, evtl. Ruhetuch, CD-Player, Entspannungs-CD

CD: Titel 6 und 7

Ablauf: Jeder von uns hat bestimmte Farben, die er ganz besonders mag. Wenn man diese Farben genau kennt, können sie einen beruhigen oder anregen, aber auch froh und zufrieden machen.

Die Kinder setzen sich bequem im Kreis hin. Die Augen sollten geschlossen sein. Wenn das für manche Kinder schwierig ist, erklärt man den Kindern, dass man zwei Möglichkeiten hat zu sehen. Die erste Möglichkeit ist, dass man mit offenen Augen alles so sieht, wie es auch wirklich ist. Aber mit den inneren Augen, wenn die Augen geschlossen sind, kann man die Dinge so sehen, wie man sie gerne hätte. Das ist oft viel spannender. Aber manchmal darf man auch ein bisschen spieken. Oftmals hilft das den Kindern, die Augen geschlossen zu halten.

Man erklärt den Kindern, dass man mit dieser Übung seine Lieblingsfarbe herausbekommen kann und weist sie entsprechend an.

Folgender Text wird vorgelesen:
Du atmest ganz ruhig. Vor deinen inneren Augen steht ein Topf mit Farbe. Der Deckel ist noch geschlossen. Aber in dem Farbtopf

ist deine Lieblingsfarbe. Es ist die Farbe, die dir sehr gefällt, und es ist die Farbe, die dir Kraft gibt.

Ganz langsam öffnest du den Farbtopf. Welche Farbe siehst du? Ist es deine Lieblingsfarbe? Stelle dir nun vor, dass du beim Einatmen immer mehr von dieser Farbe in deinen Körper lässt. Nun spürst du, wie die Farbe sich ausbreitet, in deinem Kopf, im Oberkörper, in den Armen, in den Händen, im Rücken, in den Beinen und in den Füßen.

Was fühlst du? Geht es dir gut? Merke dir, was diese Farbe bei dir bewirkt. Öffne nun die Augen.

Ablauf: Anschließend erfolgt die Reflexion. Schön wäre, wenn man den Kindern erklärt, dass wenn es einem schlecht geht, man sich an seine Lieblingsfarbe erinnern könne und dann fühlt man sich meistens besser. Zum Andenken bekommt jedes Kind ein Stück Stoff oder Filz mit seiner Lieblingsfarbe.

„Duftwiese"-Tipp

Wenn jedes Kind seine Lieblingsfarbe kennt, kann man zwischendurch immer mal eine ruhige, bunte Entspannungsminute machen.

Übrigens auch im Stehen!

Bunte Geschenkwolken

Material: CD-Player, Entspannungs-CD

CD: Titel 4 und 5

Ablauf: Um Agressionen, Angst, Ärger und Wut schneller abzu-
bauen, kann man sie in Gedanken auf eine Wolke legen und weg-
schweben lassen. In Verbindung mit der Lieblingsfarbe hat das eine
noch größere Wirkung. Man leitet die Kinder, die bereits im Kreis
sitzen, wieder entsprechend an.

Folgender Text wird vorgelesen:

Schließe deine Augen und atme wieder ruhig ein und aus. Nach
einer Zeit siehst du einen kleinen Punkt, der allmählich immer größer wird. Langsam erkennst du, dass dieser Punkt eine Wolke ist.
Die Wolke wandert immer näher zu dir, bis sie direkt vor dir anhält.
Sie ist ganz bunt und hat auch deine Lieblingsfarbe dabei. In Gedanken legst du nun jede Angst, jeden Ärger, alle Wut auf diese
schöne bunte Wolke auf. Nun gibst du ihr einen kräftigen Schubs.
Jetzt wandert die Wolke weiter und nimmt all deine Angst, deinen Ärger und deine Wut mit. Lasse deine Augen geschlossen und
warte bis die Wolke in deiner Lieblingsfarbe zurückkommt. Sie hat
deine Angst, deinen Ärger und deine Wut in wunderschöne Bilder
verwandelt. Schau sie dir ganz genau an und wenn du genug hast,
öffnest du deine Augen und schon bist du wieder im Hier und Jetzt.

Ablauf: In der anschließenden Gesprächsrunde, erzählen die Kinder
von ihren Erlebnissen.

 **Duftkiste**

Material: Schuhkarton, Material, um aus dem Karton eine Schatz-kiste/Duftkiste zu machen, einige leere 10ml Fläschchen, Gewürze aus der Küche, getrocknete Pflanzenteile, verschiedene ätherische Öle, Jojobaöl zum Mischen

Ablauf: Zunächst verwandelt man den Schuhkarton in eine Duftkiste. Dann füllt man einige Fläschchen mit Gewürzen aus der Küche oder mit getrockneten Pflanzenteilen. Die anderen Fläschchen füllt man mit ca. 10ml Jojobaöl auf, dazu kommen dann noch 1 - 5 Tropfen ätherisches Öl, z. B. Rose, Lavendel, Honig, Vanille, Orange, usw..

Diese Duftkiste könnte den Kindern zu bestimmten Zeiten zur Verfügung stehen. Dann kann experimentiert werden. Die Kinder können einen Dufttropfen auf die rechte Hand und einen Dufttropfen auf die linke Hand träufeln, dann beide Tropfen mischen. Sie können sich auch mit einem Duft ein wenig einreiben. Anhand dieser Duftkiste können viele Aktionen entstehen, wie nachfolgend aufgeführt.

ca. 60 min

5 - 10 min

Handmassage

Material: Duftkiste, ätherische Öle, z. B. Mandarine, Orange oder Lavendel, Teller

Ablauf: Eine Handmassage kann man immer mal zwischendurch machen. Zunächst massiert man die Hand außen, nun die Handinnenfläche und danach die einzelnen Finger. Lustig wird es wieder, wenn man dazu einen Reim aufsagt.

Zum Beispiel:

Himpelchen und Pimpelchen stiegen auf einen Berg.
(Hand krabbelt auf den Daumen)

Himpelchen war ein Heinzelmann
(Daumen massieren)

und Pimpelchen ein Zwerg.
(Zeigefinger massieren)

Sie blieben lange oben sitzen
(Mittelfinger massieren)

und wackelten mit ihren Zipfelmützen.
(Ringfinger und kleiner Finger massieren)

Doch nach vielen, vielen Wochen sind sie in den Berg gekrochen!
(Handinnenfläche massieren)

Dort schlafen sie in Ruh, hört doch mal zu: schnarch, schnarch …

„Duftwiese"-Tipp

Jedes Kind mischt sich auf einem Teller eine spezielle Handmassage-Creme an, z. B. ein wenig Jojobaöl mit 2 Tropfen Lavendelöl. Dann macht das Massieren noch viel mehr Spaß!

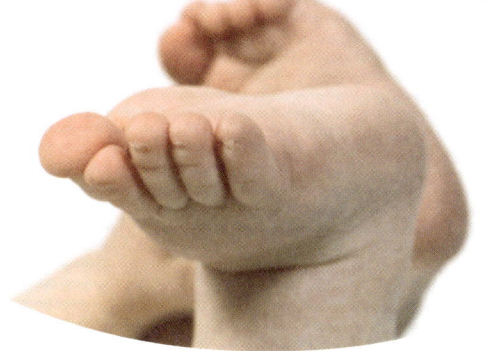

Fußmassage

Material: Duftkiste, ätherische Öle, z. B. Mandarine, Orange oder Lavendel, Teller, Ruhetuch

Ablauf: Fußmassagen machen am meisten Spaß, wenn man die eigenen Füße benutzt. Die Kinder sitzen auf ihrem Ruhetuch, jedes auf seinem Platz.

Aus verschiedenen Fläschchen dürfen sich die Kinder vorab aus der Duftkiste einen Duft auswählen. Man gibt ein wenig von den Düften jeweils auf einen kleinen Teller. Die Kinder können nun mit dem Zeigefinger von dem Duft nehmen und los geht es.

Zunächst massiert man die Fußoberseite, dann die Fußunterseite und danach die einzelnen Zehen. Lustig wird es, wenn man dazu einen Reim aufsagt.

Zum Beispiel:
Das ist der große Zeh, der braucht viel Platz, juchhe!
Das ist der zweite, der steht an seiner Seite.
Das ist der dritte, der steht in der Mitte.
Wer ist das denn hier, das ist die Nummer vier!
Und der kleine ist gar nicht alleine.

In den Füßen finden wir alle Energiepunkte des Körpers, durch eine Massage wird unser Energiesystem wunderbar aktiviert. Der jeweilige Duft unterstützt diese Wirkung zusätzlich.

5 - 10 min

Hinweise zur Durchführung

Die vorgeschlagenen Aktionen oder Spielideen zum Thema Duft und Farben haben unterschiedliche Schwerpunkte. Zur schnelleren Übersicht der einzelnen Aktionen arbeiten wir mit folgenden Piktogrammen:

Begleitmusik auf der CD: **Düfte:**

Kopfnote

Herznote

Basisnote

Ideen für drinnen: **Ideen für draußen:**

Bastelaktionen: **Dauer:**

In den vorgeschlagenen Vorlesetexten finden Sie hinter einigen Worten „…" (Pünktchen), dies soll eine Aufforderung sein, jetzt zu pausieren (ca. 15 Sekunden). Grundsätzlich sollten Sie die Texte ganz ruhig und langsam vorlesen. Dabei ist ein weiches, langsames dem Atemrhythmus angepasstes Sprechverhalten wirkungsvoll.

Das Dauer-Piktogramm gibt Ihnen eine ungefähre zeitliche Angabe der Durchführungsdauer. Teilen Sie diesen Zeitrahmen (vielleicht mit einer Uhr) allen Beteiligten mit, dann weiß jeder, wann Schluss ist. Dadurch können grundsätzlich Störungen während der Aktion vermieden werden.

Ergänzende Vorschläge zur Durchführung

Unsere „Duftwiese" eignet sich ganz besonders für den Einsatz im Kindergarten, in der Kindertagesstätte und in der Grundschule. Großen Anklang findet die „Duftwiese" aber auch bei älteren Menschen, im therapeutischen Bereich oder einfach zu Hause in der Familie. Scheuen Sie sich nicht die einzelnen Aktionen oder die Texte nach Belieben abzuwandeln. Sehen Sie die Vorschläge der einzelnen Aktionen als Anhaltspunkt oder Impuls zur Thematik an. Erfinden Sie eigene Geschichten dazu. Probieren Sie neue Düfte aus und erspüren Sie deren Wirkung.

Störungen während der Aktion treten immer mal wieder auf, lassen sich aber generell vermeiden durch eine klare, erkennbare äußere Struktur und mit viel Humor. Beginnt und beendet man Aktionen immer auf eine gleiche Art und Weise, bringt das schon eine gesteigerte Achtsamkeit mit sich. Gut eignet sich dafür ein akustisches Zeichen von einem Instrument (Gong). Aber auch Ihre Haltung trägt dazu bei, eine positive Atmosphäre im Tun und Begleiten auszustrahlen.

Tipp: Kopieren Sie sich Ihre Spielaktion auf Karteikartengröße und ergänzen Sie diese mit Ihren eigenen Ideen, Düften und Farben. Auch eine Reflexion von den Beteiligten findet bestimmt darauf noch Platz. Dadurch entwickeln Sie ein feines Gespür, für die Bedürfnisse Ihrer Gruppe.

So, wir wünschen Ihnen nun viel Spaß und Erfolg bei der Umsetzung mit Düften und Farben, Geschichten und Basteleien, Tänzen und schöner Musik.

Gerda Arldt, Daniela Boudgoust und Reinhard Horn

Legende

Hinweise zur CD

Zu diesem Buch „Duftwiese" ist eine CD erschienen, auf der Sie zu den einzelnen Spielideen passende Musik finden. Das CD-Piktogramm im Text verweist mit dem nebenstehenden Titel auf die geeignete Musik hin.

Über die Autoren

Gerda Arldt, geb. 1957, verheiratet, 4 Kinder, Diplom-Psychologin, eigene Beratungspraxis mit Schwerpunkt Lerncoaching und Entspannungstherapie, Dozentin an mehreren Institutionen, Autorin.

Daniela Boudgoust, geb. 1969 in Rheine, verheiratet, arbeitet als selbstständige Grafikerin und Webdesignerin in ihrer eigenen Agentur

Reinhard Horn, geb. 1955 in Lippstadt, verheiratet, eine Tochter und ein Sohn, Komponist, Arrangeur, Pianist, Studiendirektor am Gymnasium für Musik und kath. Religion, Rundfunk- und Fernseharbeit, Konzertreisen in der ganzen Welt, Fortbildungs- und Seminartätigkeit.

Ebenso im KONTAKTE Musikverlag erschienen:

Sternreisen
Sieben Fantasiereisen für Kinder (Buch/CD)

Text: Wolfgang Krebs • Musik: Reinhard Horn

Traum- und Fantasiereisen bieten eine hervorragende Möglichkeit zur entspannten Förderung. Wolfgang Krebs lädt zu sieben Sternreisen ein, die uns in ein fernes, schönes Land führen: So erzählt uns der glückliche König sieben orientalische Geschichten, die uns verzaubernd entspannen.

Die Doppel-CD enthält eine gesprochene Version der Sternreise, sowie eine rein instrumentale Fassung mit der Sternenmusik von Reinhard Horn.

4-99 Jahren

Buch: 64 Seiten • € 12,80 • ISBN: 978-3-89617-171-9
Doppel-CD: instrumental & gesprochen • € 18,30 • ISBN: 978-3-89617-172-6

Streichelwiese
Ganzheitliche Körpererfahrung für Kinder

Text: Marion Deister • Musik: Reinhard Horn

Diese kleinen meditativen Fantasiegeschichten sind mit den Fingern auf dem Rücken, den Armen und Beinen zu erzählen und zu spüren. So stärken Kinder ihre ganzheitliche Sinneswahrnehmung.

Die CD bietet zur Unterstützung meditative Instrumentalmusik an. Sie eignet sich auch in ganz besonderer Weise als Einschlafhilfe für Kinder oder zur Entspannung vor Klassenarbeiten.

4-99 Jahren

Werkheft: 44 Seiten • € 7,50 • ISBN: 978-3-89617-076-7
CD: ca. 50 Minuten • € 13,50 • ISBN: 978-3-89617-083-5

Primavera®

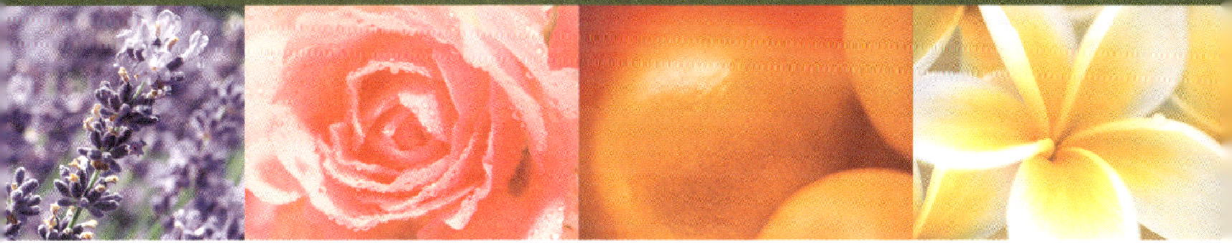

Pflanzenkräfte für duftendes Wohlbefinden

Die biologischen Öle von Primavera® enthalten die natürliche, unverfälschte und konzentrierte Lebenskraft der Pflanzen. Sie aktiviert, entspannt oder harmonisiert unsere Sinne und fördert Gesundheit, Wohlbefinden und das harmonische Gleichgewicht zwischen Körper, Seele und Geist.

www.primavera-life.de

PRIMAVERA LIFE GmbH
Am Fichtenholz 5, D-87477 Sulzberg, Tel. 08376/808-0

Die reinste Freude am Leben